文春文庫

忘れながら生きる

群ようこの読書日記

群ようこ

文藝春秋

目次

忘れながら生きる

群ようこの読書日記

ダダモ

最近、私の周囲で（といってもごく一部であるが）「ダダモ博士」が人気である。私は書店でたまたま彼の、『血液型健康ダイエット』を買ったのだが、ほとんど信用していなかった。もともと血液型占いなども信じていないし、そのうえダイエットと関係があるなんて、

「嘘《うそ》でしょ」

という感じがした。しかしどれだけそれが嘘なのか知りたくて、試しに買ってみたのである。著者の写真を見ると、エルトン・ジョンの弟みたいな男性が、太い縞《しま》の蝶ネクタイをして微笑《ほほえ》んでいる。

「胡散臭《うさんくさ》いなあ、ダダモ」

きわどい匂《にお》いがして私は別の意味で胸がわくわくしてきた。ところが、読んでみたら、私が疑問に思っていたことが数々、氷解してきて、

「ダダモは侮れないかも」

と見方が変わってしまったのである。

私は若い頃は、御飯が大好きで、パンなんて日本人の食べる物ではないとすら思っていた。もちろん三食御飯だったし、お米と味噌汁《みそしる》があれば、他には何もいらないタイプだった。ところが四十歳を過ぎてから、御飯がとてもお腹にもたれるようになった。私はベジタリアンではないが、野菜が大好きなので、御飯と野菜のおかずという組み合わせになる。ところが御飯が続くと、どうも体調が悪くなってしょうがないのである。体は重いし、お腹はもたれる。もしかしたら悪い病気なのではないかと、悩んだこともあった。それにしては食欲はあるし、会食でフレンチのコースを食べても胃はもたれない（ただし便秘になる）。とにかく御飯がだめになってきたのだ。

私の血液型のO型を見ると、もともとが狩猟民族なので、赤身の肉が適している。ダイエット本として書かれているので、体重を増やす、減らすという観点で書かれているのだが、私には穀類、パン、豆類が合わないらしい。体に合わない食べ物は体に負担をかけるとも書いてあった。そして乳製品、シリアル類もだめだというのが大当たりで、私はますます、

「ダダモは侮れない」

私とうなずきながら本を読んでいた。O型にはアレルギーを持っている人が多く、私も軽度ではあるがそういう傾向がある。豆類はお腹が張って苦しくなる。納豆も大好きなのだが、続けて食べていると、どうも具合が悪い。さつまいもは大丈夫なのだが、じゃがいもは食べたあとに体が重くなる。ちょっとお洒落《しやれ》に、朝食はシリアルに牛乳、というようなことになったら、私のお腹はもう大騒動になるのである。一般的に体によいとされているものを食べて、自分の体調が悪くなると、自分の体がどこか悪いのではないかと、心配になるのだが、自分の体質に合わないことがわかって、私は、

「なーんだ、そうなのか」

とほっとしたのだ。厳密にいえば米は避けるほど影響があるわけではないのだが、O型にとっては、穀類を食べるよりも、赤身の肉を少し、そして魚、野菜を食べるほうが、もっと体に必要だと書いてあるのだ。

この話を、いつも髪の毛を切ってくれているヘアメイクの女性に話したら、

「それ、私の母と同じです」

という。お母さんもO型で、御飯はもたれるといってさつまいもを食べているという。私も同じく、御飯を食べるよりもさつまいもを食べるほうが、お腹が苦しくないのだ。私はO型で同じ思いをしている人が一人増え、

「そうかあ、ますますダダモ、侮れんなあ」

と感心した。

そして女性の編集者にこの話をすると、

「私も同じです！」

と身を乗りだした。彼女は私よりもずっと若いのだが、このところ御飯を食べると体が重くて、どこか悪いのではないかと、心配になっていたという。彼女も、

「日本人なのに、どうして御飯を食べて具合が悪くなるんだろうか」

と悩んでいたというのだ。もう一人仲間が増えて、私は有頂天になり、

「ダダモ、もしかしてあんたはすごい奴《やつ》かも」

とダダモ博士の株はどんどん上がっていったのだった。

この本は肉、魚、野菜、穀物、豆、ハーブティーといったそれぞれの食べ物に関して、体によい、普通に食べてよい、避けたほうがよい、というふうに分けられている。避けたほうがいい食べ物も毒ではないから、食べてもいいのである。そのリストを見ると、たしかに食べたあとでお腹にもたれたものもあったし、そうではないものもあった。私はキャベツは好きなのだが、避けるべき食品だと本には書いてある。もともとO型は甲状腺《こうじょうせん》の機能に問題があることが多いので、キャベツやカリフラワーはよろ

しくないということなのだ。おいしく食べられて体調が悪くならない物が、避けたほうがよいとされている場合にはどうするかが、最初、私にとっては問題だった。

昔ながらの食事に戻るのが、現代人にはよいといわれている。御飯を五割、あとの五割を日本伝統のおかずに振り分けるのがいいともいわれている。玄米食も体にいいという人がいる。しかし私がそういう食事をすると、体が重くて重くてたまらない。御飯の量を少なくしても、辛《つら》いのだ。二十年ほど前に、玄米食を一年ほど続けたことがあり、見事に便秘体質が完治したのだが、その後も続けようとしたら、見事にお腹をこわしたのでやめてしまった経験もある。そこで思ったのが、日本人にいちばん多い血液型はA型だということだ。A型のページを見ると、もともと農耕民族で穀類、豆が体に合っていると書いてある。それだったら日本人の多くは、御飯、納豆、煮豆、味噌汁という食事が合っている。

「なーるほど」

これで謎《なぞ》が解けたような気がした。日本人だから、みなこのような食事が体に合うわけではなく、体質にもよるということを考えなければならないのだ。

編集者の彼女は、体質は、それからすぐにこの本を買い、読めば読むほど納得することばかりで、

「目からうろこが、ぼろぼろと落ちました」

といっていた。全面的に、

「この本は素晴らしい」

と絶賛するつもりはないが、御飯をおいしく食べられないのは、自分の体が悪いせいだと密かに悩んでいた私たちが立ち直れたのは、ダダモ博士のおかげである。いくら避けたほうがいいと書いてあっても、食べたくなったら御飯も食べるし、納豆も食べることにしよう。体にいい食事といわれても、みんながそれを真似《まね》していいとは限らない。しかし健康が気になる年齢になると、つい健康情報が気になって、それを食べていれば元気でいられるような気になってしまう。日本人だからといって、御飯を食べなくても、納豆を食べなくても、自分の体が発している信号をキャッチして、食べたいときは食べ、食べたくないときは食べなくていいのだということを、私はダダモ博士のおかげで再認識したのである。

エスニック料理などは、日本伝統の食事からははずれているのだが、私は御飯に味噌汁より、懐かしく思うことがある。本を買って自分で作ることはめったにないが、こういった料理の本は、私の寝る前のひとときに欠かせない。寝る前にはベッドで本を読むという人は多いが、私の場合、小説などは読まない。ほとんどが料理本である。

きれいなカラーページをめくりながら、

「おいしそうだなあ、鶏肉のココナッツスープ」

「生春巻きも汁そばも……、ああっ、食べたい」

と思わず頬《ほお》がゆるんでしまう。そのうち目の皮もゆるみ、顔全体がゆるんだ状態で寝てしまう。私は寝付きがいいので、本のページをめくっているのは、ほんの十分くらいなのだが、いつしか寝る前の貴重な習慣になってしまったのだ。豪華だからいいというわけではなく、とにかく写真でも文章でも、

「おいしそう」「作ってみたい」

と頭の中を楽しくさせてくれるような本を選ぶのがコツである。本を買った以上、自分でも作らなければいけないと思うのであるが、なかなかそうはいかない。おかげでうちにはエスニック料理の調味料のみがあふれかえっている。

編み物の製図の本は、編み物のお勉強のために買ったものだ。編み物は小学生の頃からしていたが、ここ四、五年はほとんどやっていない。というのも、壁にぶち当たったからである。私の編み物は基本的には母に教わったが、あとは自己流でやってきた。編み地には伸縮性があるので、多少、寸法に不都合があってもごまかせる。ところが何十年もやっていると、

「もっと体に合ったサイズの物が編めるのではないか」と工夫するのだが、それにはきちんと製図を知らないとだめだということがわかったのだ。編み物原型という物があり、そこに自分の体の寸法を当てはめて、衿《えり》ぐり、袖《そで》ぐりなどの微妙なカーブを計算しなければならない。それを見たとたんに、仕事が忙しいこともあって、どうせ気に入らないものができ上がってしまうのなら、いっそ編むのはやめてしまおうと、お休みしてしまったのだ。

ところが先日、今、大ブレイク中の編み物の先生である広瀬光治さんと対談をさせていただいた。先生が着ていたきれいに体にフィットしているセーターを見て、自分の体に合ったセーターはやっぱり美しいなと思ったのと、

「最初は数字ばかりで大変と思うかもしれないですが、すぐにできますから、がんばって下さい」

と勇気づけていただいたので、本を買ってまじめにお勉強をしようと思い直したのだ。今は仕事がたまっているので、集中してできないが、一九九九年の年末の休みに、じっくりとお勉強をして、来る二〇〇〇年には編み物の製図もばっちりとマスターして、また編み物に励もうと思っている次第である。

この月買った本

ゆめはるか吉屋信子　上、下　田辺聖子　朝日新聞社　各2220円
江戸の女たちの月華考　渡辺信一郎　葉文館出版　1800円
トチノキ村の雑貨屋さん　茂市久美子作・二俣英五郎絵　あすなろ書房　1200円
大江戸料理帖　福田浩・松藤庄平　新潮社　1500円
ツェツェのファブリック・ポートレート　ギャップ出版　1800円
ゴミを出さない暮らしのコツ　赤星たみこ　大和書房　1500円
靴を探しに　高田喜佐　筑摩書房　1500円
しまつとぜいたくの間　大村しげ　佼成出版社　1165円
k. d. ラングトークブック　デイヴィッド・ベナハム編　キャロル久末訳　アップリンク発行・河出書房新社発売　1922円
土壇場の人間学　宮崎学・青木雄二　幻冬舎アウトロー文庫　571円
広瀬光治のあみもの指南　広瀬光治　日本ヴォーグ社　790円
編物製図教科書基礎科　日本ヴォーグ社　1748円
ゲージ調整と分散増減法　日本ヴォーグ社　757円
きゆなはれるの北欧ニット紀行　きゆなはれる　雄鶏社　960円
ショッピングの女王　中村うさぎ　文藝春秋　1238円
良い化粧品　悪い化粧品　小澤王春　経済界　777円
洗顔フォームは捨てなさい　小澤王春　経済界　848円
正しい化粧品が美肌をつくる　小澤王春　経済界　857円
ダダモ博士の血液型健康ダイエット　ピーター・J・ダダモ　集英社文庫　762円
わたしのベトナム料理　有元葉子　柴田書店　2400円
とっておきのベトナム家庭料理　トラン・ティ・ディエップ監修、平松洋子構成　マガジンハウス　1748円
ゴーヤーブック　楽園発行・星雲社発売　1980円

だから、食べたいタイ料理　氏家アマラー昭子　雄鶏社　1560円
アジアのエスニック料理入門　黄華月　千早書房　738円
楽しい古裂・更紗　「銀花」編集部編　文化出版局　1600円
別冊暮しの手帖　45歳これからが楽しい1999年版　暮しの手帖社　952円
ベジタリアンの健康学　蒲原聖可　丸善　760円
梅安料理ごよみ　池波正太郎　佐藤隆介・筒井ガンコ堂編　講談社文庫　495円
直伝　賄いめしの知恵　小倉久米雄　小学館文庫　657円
お江戸風流さんぽ道　杉浦日向子編著　世界文化社　1400円
小倉遊亀　天地の恵みを生きる　小倉寛子　文化出版局　1400円
梵雲庵雑話　淡島寒月　岩波文庫　800円
葛飾北斎伝　飯島虚心　鈴木重三校注　岩波文庫　800円
Short-Cut VEGETARIAN　Lorna Sass　QUILL WILLIAM MORROW　$12.80
さようならはじめまして　鍋島幹夫・詩　米田民穂・絵　新書館　1400円
女たちの20世紀・100人　姉妹たちよ　ジョジョ企画編　集英社　3000円
毛糸だま99年冬号　日本ヴォーグ社　1143円　定期購読
谷根千59号　谷根千工房　400円　定期購読
NHKラジオ基礎英語1、2、3　日本放送出版協会　各314円　定期購読

定価はすべて2000年当時の本体表示（税別）です。

手仕事

私の自宅の仕事部屋の中には、いくつもの段ボール箱が置いてある。以前、仕事場を借りていたときは、あえてそこには資料以外の本を置かなかった。そうしないと仕事場が倉庫化するのは目に見えていたからである。本は置くスペースがあるとじゃんじゃん増えていき、スペースがなくても増える。とにかくどういうわけだか増え続けるのである。増やす原因は自分なのであるが、身につける物、雑貨などは我慢できるけれど、本はそうはいかない。つい半年前に段ボール箱五十箱を処分したにもかかわらず、日々、本は増えている。読んだ順番から図書館の交換本コーナーに置いてくるのだが、それでも読めない本は溜《た》まっていくばかりなのだ。

自宅の洋室の六畳ほどのスペースを本置き場にしていて、そこはいつも足の踏み場もない。本棚はあるが収納しきれないので、床に山積みになっている。ところが仕事場の隣地に巨大マンションが建設されはじめ、原稿を書く環境ではなくなり、近所で適当な部屋がみつからなかったこともあって、仕事場を引き払った。机、パソコンなど、引っ越し自体は非常に楽だったが、仕事をするスペースを自宅に作るのが大変だったのである。今まで本置き場だったところを仕事部屋にしなければならず、山積みになった本をずーっと押して移動するのだが、そんなことをしても本の絶対量が少なくなるわけがなく、どうやっても空きスペースは畳一畳分しかないということが判明した。今は本の山をかき分け、パソコンを置いて原稿を書いている。

資料用の本も増えてきていて、それが見つからないととても困るので、将来、原稿を書くために必要な資料本の箱、お勉強のための本の箱、趣味本の箱、とりあえず買っちゃった本の箱、買った途端に読む気がなくなり、後悔して読まずに交換本行きにすると決めた箱を作った。たとえば買っている本の中で、江戸物の本が多いのは、原稿を書くとか資料とかは全く関係がなく、個人的なお勉強のためである。お勉強といってもたいしたことではなく、趣味で知りたいなと思っているといったほうがいいかもしれない。

私は明治という時代にとても興味があった。明治は新しい情報がどっと入ってきて、日本人の生活が変わった時代だ。衣、食、住に変化があった。そういう生活に基づいた情報のなかで、女性たちがどういう考え方を持ったかに興味がある。今よりももっと行動的な女性もいた。たしかにそういう女性たちも、ぶっとんでいて面白いのであ

るが、彼女たちについて書かれた本を読んでいるうちに、
「新しい情報に関心がなかった、ごくごく一般の女性たちは、いったいどういう生活をしていたのだろうか」

と疑問がわいてきた。みんながみんな洋装になったわけでもないし、洋食を食べていたわけでもない。明治も後半になれば生活状態も違ってきたのだろうが、明治初頭は多くの女性はまだ江戸時代から続いている生活をしていたはずだ。ドレスもスカートも知らず、外国を模倣しようと思わずに生活していた女性たちに今度は関心が向いてきて、明治から江戸へと移っていったのだ。

それで江戸関係の本を集めはじめたのだが、数が山のようにあるので、買いはするものの、読むのが追いつかずに、箱に溜まっていく一方だ。あとで読もうととっておくのも楽しみのひとつなのだが、このまま増殖する一方で、目を通さないでおくと、箱ごとまとめて処分するはめになるのではないかと、溜まっていく本の量を横目で見ながら、ちょっと不安になっている。

洋書のFashion Doll Makeovers Ⅲは、手っ取り早くいってしまうと、改造人形の本である。たとえばバービーやリカちゃんを基にして、髪の毛を植毛し直したり、ヘアスタイルを変えたり、もともと施してある目や口を取り去って、新しく自分の好き

なように顔を描くと、全く別の雰囲気の人形になる。これが面白いのだ。気軽に買える人形に手を加えることによって、世界に一体しかないオリジナルの人形を作ることができるというわけなのだ。このシリーズはすでにこれで三冊目なのだが、オリジナルデザインの手作りの服や、人形の顔の描き方、髪の毛をカールさせて結い上げる技術、植毛の仕方など、

「へえ、はあ」

と驚くばかりだ。目の描き方、唇の色などで、全く人形は別の表情になる。それだけでなく髪の毛の色を変え、植毛までしたら、ほとんど原形はとどめていない。子供のときには、人形そのままを大切に扱い、着せ替えをしたり服を作ったりという楽しみしか知らなかったが、大人になるとこのような楽しみ方もできる。改造した人形と作者の写真が載っていて、男性が多いのも意外だった。なかには首から下はイブニングドレス姿で、顔はマーズアタックの緑色の宇宙人という代物もあったりして笑えた。

相変わらず食生活関係の本も買っているのだが、それらを読むと頭が混乱するばかりだ。朝食は絶対に欠かさず、食べたほうがよいという人がいれば、有害だという人もいる。

「いったい、どうすればよいのだ」

と頭を抱えたくなる。どうして食関係の本を読むかというと、料理の腕を向上させたいというよりも、病気をしないでできるだけ元気で長生きしたいという気持ちがあるからだ。しかしあまりにたくさんの、食、健康関係の本を読んでいるうち、なんだか長生きなんてどうでもよくなってきた。

「なるようにしかならない」

と思うようになったのである。

たとえば誰かが、『粗食のすすめ』の冬のレシピ集を参考に、食事を作ってくれたら喜んで食べる。しかし自分が作るとなると、めちゃくちゃ面倒くさい。私はほとんど外食をしないので、自炊をしているのだが、これを食べたら体にいいとか、長生きのためと思いながら料理を作っていると、とても負担になってくる。もう何でもいいやという気になってくるのである。それでも若い人みたいに、ファストフードやコンビニ弁当で済ませることはできず、出来合いのお総菜の味付けもいまひとつなじめない。となると自分で作るしかないのだが、それが面倒くさい。どこかで妥協しないと、堂々巡りになるのは十分わかっているのだが、毎日、冷蔵庫の中にあるもので、適当に作るということしかやっていない。あまりに適当なので、

「これでいいのか」

と不安になり、そして本を読んでしまう。そして頭が混乱するという、その繰り返しだ。前章で紹介したダダモ博士の著作は、日本人が伝統的に食べてきた御飯に、いまひとつなじめなくなった私の疑問に答えてくれたが、あとの細かい部分は、いちいちふだんは気にはしていない。朝食が有害だという本を読んで、

「へえ」

と思うが、それを実行しようとはしない。『粗食のすすめ』のレシピを見て、

「なるほど」

とうなずくのだが、作ったためしがない。いくら食、健康関係の本を読んでも、私の食生活はあまり変わらない。前と同じ、適当マイペーススタイルである、自分の性格が変わらない限り、だめだということがわかってきて、これからはそういった類の本は買うのをやめようと思い始めたところである。

久しぶりに買った雑誌、「銀花」の「母の手　絲と針の仕事」は何度見ても飽きない。日本をはじめアジア全般の手縫い仕事が紹介されているのだが、生活に密着したどの国の縫い物も素晴らしい。継ぎ、接ぎ、丈夫にするための刺し子、雑巾《ぞうきん》、駱駝《らくだ》の背掛け。女性がひと針、ひと針、布地を縫っていく。モンゴル、中国、インド、韓国など、各国の現役針箱の写真も、どこか似ていて、ちょっと違うところが面白い。ミシンで手

早く、だーっと縫った縫い目を見ても何とも感じないが、手縫いの縫い目はたとえ不揃《ふぞろ》いであっても、眺めていると心が落ち着いてくる。昔は日本の家庭には必ずひとつはあった針箱だが、今はある家庭のほうが少なくなっているかもしれない。雑巾もスーパーマーケットで売っているし、ボタンが取れた服は捨てるという若い女性も多い。

「どうしてボタンくらい」

と手芸関係が好きな私はそう思うのだが、

「だって、面倒なんだもん」

といわれたら、ぐっと言葉に詰まる。私も料理は面倒くさいからである。

「どうして料理をきちんと作らないの」

といわれたら、同じように、

「だって面倒なんだもん」

と答えるだろう。昔の女性は面倒などという言葉ははなから頭になく、ただ黙々とこなしていたはずだ。そういう女性たちがしていた過去の生活がいいとは思わないが、彼女たちの手仕事をする気持ちは引き継いだほうがいい。負担や義務ではなく、楽しんで手を使う仕事ができたらと思うが、私の場合、料理だけはどうやってもいまだに楽しんでできないのが、問題なのである。

この月買った本

宮沢賢治詩集　谷川徹三編　岩波文庫　560円
宮沢賢治の青春　菅原千恵子　角川文庫　520円
細雪　上、中、下　谷崎潤一郎　新潮文庫　上438円、中514円、下590円
台所太平記　谷崎潤一郎　中公文庫　514円
江戸の風俗小説　世間子息気質・世間娘容気　中嶋隆訳注　現代教養文庫　816円
評伝正岡子規　柴田宵曲　岩波文庫　600円
小説に見る化粧　陶智子　新典社　1200円
長谷川如是閑評論集　飯田泰三・山領健二編　岩波文庫　700円
倫敦！　倫敦？　長谷川如是閑　岩波文庫　800円
大江戸美味草紙　杉浦日向子　新潮社　1400円
大東京繁盛記　下町篇　平凡社ライブラリー　1300円
大東京繁盛記　山手篇　平凡社ライブラリー　1300円
ユダヤ人の歴史　上、下　ポール・ジョンソン　石田友雄監修　阿川尚之・池田潤・山田恵子訳　徳間書店　上2300円、下2200円
大江戸暮らし　大江戸探検隊編著　PHP研究所　1450円
直線を着る　大塚末子　求龍堂　8000円（古書価）
日本の名随筆　江戸　田中優子編　作品社　1800円
落書きというメディア　江戸民衆の怒りとユーモア　吉原健一郎　教育出版　1500円
新潮古典文学アルバム　江戸戯作　新潮社　1300円
反骨者大田南畝と山東京伝　小池正胤　教育出版　1500円
新しい刺繍図案　武井武雄　アルス　5000円（古書価）
江戸の娘がたり　本田和子　朝日新聞社　1000円（古書価）
江戸・東京を造った人々　文化のクリエーターたち　「東京人」編集室編　都市出版　2700円（古書価）

辰巳芳子の旬を味わう　辰巳芳子　ＮＨＫ出版　2600円
江戸の少年　氏家幹人　平凡社ライブラリー　1165円
向田邦子の青春　向田和子編著　ネスコ発行・文藝春秋発売　1600円
劇画バカ一代　梶原一騎読本　日本スポーツ出版社　952円
献立帳　辻嘉一　三月書房　1700円
朝食有害説　渡辺正　情報センター出版局　1600円
粗食のすすめ　冬のレシピ　幕内秀夫　東洋経済新報社　1200円
みんなGSが好きだった　北島一平・中村俊夫共著　扶桑社文庫　571円
道具が証言する江戸の暮らし　前川久太郎　小学館文庫　476円
アジアの布　小山圭　文化出版局　1600円
誰も知らない名言集　リリー・フランキー　情報センター出版局　1200円
女子の生きざま　リリー・フランキー　ぶんか社　1000円
日本のみなさんさようなら　リリー・フランキー　情報センター出版局　1400円
美女と野球　リリー・フランキー　河出書房新社　1300円
江戸　Tokyo ストリートファッション　遠藤雅弘　ギャップ出版　1800円
Fashion Doll Makeovers Ⅲ　Jim Faraone Hobby House Press　$19.95
蛇を踏む　川上弘美　文春文庫　390円
翻訳者の仕事部屋　深町眞理子　飛鳥新社　1700円
パリのトイレでシルブプレ〜〜！　中村うさぎ　メディアワークス　1600円
わたしは驢馬に乗って下着をうりにゆきたい　鴨居羊子　旺文社文庫　600円（古書価）
向田邦子ふたたび　文藝春秋編　文春文庫　240円（古書価）

ブルータス　12/1号　マガジンハウス　500円
きものサロン　99-2000冬号　世界文化社　1857円　定期購読
美しいキモノ　99冬号　アシェット婦人画報社　1619円
　定期購読
みえない雑誌十　ミエナイザッシ編集部　476円
VEGEE LIFE　$3.99　定期購読
ウォーターマガジンNO.2　冬号　サンライト・ラボ　530円
季刊「銀花」　第百二十号　母の手　文化出版局　1381円
芸術新潮「白洲正子」全一冊　新潮社　1800円

定価はすべて2000年当時の本体表示（税別）です。

一人一人が考える

最近、仲のいい女友だち二人と話していると、最後に必ず、

「仕事をやめたら、どこに住む？」

という話になる。彼女たちと知り合う前、私はどうせ自分一人なので、年をとったらどんな場所でもいいから、貸してくれる部屋に住んで、誰にも看取《みと》られずに死んでもいいやと思っていたのだが、彼女たちと知り合って、それを修正せざるをえなくなってきた。具合の悪いときは助けたり、旅行に行っているときは荷物を預かってもらったりと、ミニ互助会みたいになっている。若いころ、よく母親に、

「自分一人で生きていけると思わないように」

と耳にたこができるくらいいわれたのを、

「けっ」

と聞き流していたのだが、この年になると、

「それももっともだ」

と感じるようになった。近所にそういう友だちがいるのはとても助かる。三人一緒にダメージを受けたらおしまいなのであるが、運よく誰かが具合が悪ければ誰かが元気で、誰かが旅行に行っているときは、誰かが家にずっといるといった具合で、互助会はうまくまわっているのである。

彼女たちも私と同じように会社勤めではなく、自分の名前で仕事をしている。それぞれ自分名義の別荘や、土地家屋を持っていて、母親が住んでいたりする。しかしみんなそこに住むつもりはないのである。

「年をとった独り者の女に、物件を貸してくれる人がいれば、全然、問題はないんだけどさ」

私たちは財産を譲る子供がいるわけでもなし、所有欲もないので心地よい賃貸物件があれば、それに越したことはないのである。私の予想としては、これから高年齢化社会になってくると、大家さんのほうも若い者にしか貸さないなどといっておれず、初老の独身女性にも貸してくれるのではないかと、淡い期待は抱いているのだが、そうならない可能性もある。私は東京で生まれ育ったので、どんなに空気が悪くなっても、

「地方には住みたくない」

といっていたのだが、この頃は、

「年をとったら、住みやすい地方都市に住むのも悪くないかも」

と考えるようになった。その中には外国も入っている。自分が快適に住める場所であったら、地球上のどこでもいいと思うようになったのだ。

私たちに共通しているのは、

「絶対に自給自足はできない、軟弱体質である」

ということだ。以前、八十歳を過ぎたおばあさんが、畳表を編む仕事をし、畑仕事もこなし、独りで暮らしているテレビ番組を見た。野菜は全部庭で作り、それを食べている。お米は一日二合炊いて食べてしまう健啖家《けんたんか》でもある。ところが年に二、三回、ばたっと倒れる。それで病院に運ばれて、ちょっと入院して家に戻る。村のお医者さんも気をつけて巡回してくれるのだが、担架で運ばれるおばあさんを見ていたら、

「いくら元気でも、知らないうちに疲れは溜《た》まっていくよなあ」

とうなずいたのである。

私は畑仕事なんて絶対に無理。体が動かなくなったら、胸に「おしまいランプ」が点滅してしまうような軟弱者である。かといって年をとってから、排気ガスが渦巻いているような場所に住むのも辛《つら》い。ほどほどに自然があり、ほどほどに店があり、ほ

どほどに人と付き合える所がいい。そういうところが見つかるか問題なのだが、まだちょっと初老には間があるので、私たちは、

「どうしようかねえ」

といいながら、決定的な答えが出ないまま、だらだらとお茶を飲んだりしているのだ。

もしも体がずっと丈夫だと保証されていて、家事その他の労働が苦痛でない質《たち》で、自然が大好きな人だったらば、ターシャ・テューダーのような生活はとても楽しいだろう。彼女は一九一五年生まれの絵本作家である。バーモント州の人里離れた農家で、十九世紀のスタイルで暮らしている。ターシャの娘が書いた、『小径の向こうの家』によると、

「バーモントには、すでに長男のセスが、自分で家を建てて住んでいたので、母はできるだけその近くに土地を探そうと決めました。そうすれば、彼に古い家を新しく作ってもらえます。いつもながら母はついていいました。バーモントに初めて土地を探しに行ったその日に、セスの土地の隣に、ちょうどよい大きさの売地を見つけたのです」

とある。隣といってもとにかく広大な土地であるから、日本とは感覚が違うのだが、やはり近くに助けてくれる人がいるのといないのとでは、自給自足の生活は雲泥の差

になるのだ。

　彼女は長男に自分好みの家を建ててもらう。広い敷地には、ガーデニングなどというこせこせしたものではなく、どどーんと木や草花が生い茂り、彼女の周囲にはいつも、犬、鳥、猫がいる。洋服のための布地も糸を染め、それを織機で織り、それを仕立てる。編み物も毛糸を自ら紡ぎ染めてから編むのにとりかかる。食事も同じである。自分が育てた野菜を収穫し、料理する。自分が作らなかったら、食べ物も衣類も石鹼《せっけん》もろうそくもないのである。

　写真を見ると、織機の前で布地を織ったり、糸車で毛糸を紡ぐ姿は、精神的に豊かなような気がして、憧《あこが》れるのも事実だ。しかし、一枚の布地を織り上げるのに、どれだけの時間がいるのか。織り上がったら縫って服に仕立てなくてはいけない。毛糸の染色を定着させるには尿をためておいて使ったり、そんなことをしたあげくに、うまく好みの色に染まらなかったらどうしたらいいんだと、次々に不安はつのるばかりである。私は軟弱な人間なので、もしそのような状況に置かれたら、一日か二日は珍しがって、作業をするかもしれないが、すぐに腰くだけになって、

「どこかで売ってないかしら」

と買ってくることを考えるのは間違いない。自然や犬、猫、鳥たちに囲まれた生活

という雰囲気には憧れるが、現実に生活するのはとうてい無理なのである。

またそういう自然の中で生活するのは、ある部分で残酷にならなければならない。本の中で彼女は、家の中に入ってきたネズミにこのような仕打ちをする。

「いつもキッチンに出没するネズミを、ゆうべようやく退治しました。猫がいるのに家の中に入ってきて、テーブルの上のリンゴやナシをかじるなんて、まったくずうずうしいやつ。……（略）……昔は22口径のライフルで撃っていましたが、今は放っておきます。……（略）……今回つかまえたのは大きなモリネズミでした。ドブネズミよりも大きくて、茶色でおなかの部分がちょっと白くて、ビアトリクス・ポターのお話に出てくるひげのサミュエルのように、長くて黄色い歯をしています。そいつは暖炉の火にほうりこんで、火葬にしてやりました」

ターシャは絵本を描く参考のために、小さなネズミを飼った経験もあるのだが、侵入者には厳しく対応する。もしも私がそんな立場に置かれたら、当惑してしまうだろう。ネズミが入って来るのは困るし、かといって生きている動物を暖炉には放り込めない。美しい写真の裏側にある、シビアな部分を中心に考えないと、自給自足の自然に囲まれた生活は難しい。外国と日本の事情はだいぶ違うけれども、

「私には絶対に、こういう生活は無理でございます」

と自給自足の生活からは、退散することにしたのだった。

便利で快適な生活を追い求めると、必ずといっていいほど反動がくる。自給自足をしている人たちは、化学薬品、化学製品に依存した衣、食、住に対して問題があると考えている人たちだろう。私もなるべくだったら、農薬が使われていない食べ物や、添加物がない食品を食べたいし、体に悪い新建材が使われているような住宅には住みたくない。多少、不便なくらいがいいとは思うのだが、便利な物をすべて排除することはできない。環境のことを考えて、よりましな方向に持っていく努力をすることはできる。袋を持って買い物に行くとか、合成洗剤は使わないとか、クーラーは使わないとか、そういうことであればできる。私の場合は、合成洗剤を使うといっぺんで肌がやられてしまうのと、クーラーを使うとこれまたいっぺんで喉《のど》がやられてしまうので、別に無理をしてやっているというわけではないのだが、なかにはクーラーがないと夏が越せないという人もいるだろう。いくら環境のためだからといって、無理や我慢の連続は精神衛生上もよくない。

『複合汚染』は今から二十年ほど前に読んだが、そのときは、

「ふーん、怖いなあ」

と思っただけだった。我々を取り巻く環境の状態が、それほど逼迫《ひっぱく》しているとはわ

かっていなかったからである。しかし今は環境ホルモンが話題になり、『買ってはいけない』がベストセラーになり、だんだんみんなも、

「ちょっとやばい」

と思いはじめてきた。環境に関心を持つ人も多くはなってきたが、状況はあまり好転していないのではないだろうか。それも若い人より、年配の人のほうが関心が薄いような気がする。私が目撃した限りの話だが、スーパーマーケットに袋を持参したり、合成洗剤ではなく、石鹸を買っているのは若い人のほうが多い。それに比べておばさんたちは手ぶらでスーパーに行き、各種合成洗剤をたくさん買っている。若い人には「環境に気をつけている私」がファッションになっているのかもしれないが、それでも結果的にはしないよりはしたほうがいい。若い人は雑誌やテレビなどで見て、

「じゃあ、やってみようかな」

と軽い気持ちではじめるのだろうが、おばさんたちは昔からやっているやり方を、なかなか変えようとしない。なかには、

「環境のことを考えない人なんて、信じられない」

と確固たる信念を持った人々もいるが、私にはそれもちょっと怖い。大変な世の中なのはわかるけど、そんなにきりきりしなくてもいいんじゃないですかといいたくな

る。しかし久しぶりに読んだ『複合汚染』はこういういい方をしていいのかはわからないが、とても面白かった。『買ってはいけない』のようなガイドブックではなく、このような視野の広い本を読んで、

「だからどのようなことをするのが必要なのか」

と一人一人が考えることが必要なのではないだろうか。あのメーカーの〇〇を買わなければ大丈夫といった考え方ではなく、もっと自分の生活そのものを考え、頭を使ってよりよい状況に持っていくことが大切なのだ。

『おさかなマンハッタンをゆく』は椎名誠氏の長女、葉さんが書いた本である。私は彼女が小学校の高学年のときに、二度ほど会ったことがあるが、落ち着いていて、他の同年輩の子供とはちょっと違う印象を受けた。しっかりとしたお勉強ができる優等生という感じだった。ニューヨークで女優さんをしていると知ったときには、正直いって驚いた。当時の彼女からは想像もできなかったからである。この本の中では優等生の自分に対する反発、人に対して表現する悩み、喜びについて綴《つづ》られていて、おばさんは、

「みんな大人になっていくんだねえ」

としばし感慨にふけったのだった。

この月買った本

断髪する女たち　高橋康雄　教育出版　1500円
Portraits　54人の女性アーティストたち　松本路子
京都書院アーツコレクション　1200円
おさかなマンハッタンをゆく　渡辺葉　日経ホーム出版社
1300円
小径の向こうの家　ベサニー・テューダー　食野雅子訳
メディアファクトリー　2000円
ターシャ・テューダーの世界　ターシャ・テューダー&リチャード・ブラウン　相原真理子訳　文藝春秋　3689円
ターシャ・テューダー手作りの世界　暖炉の火のそばで
リチャード・W・ブラウン写真　トーバ・マーティン文
食野雅子訳　メディアファクトリー　3495円
きらめく紅絹の交響楽　前田順子　暮しの手帖社　3333円
百合子輝いて　大森寿恵子編　新日本出版社　1500円
宮沢賢治　新潮日本文学アルバム　新潮社　1200円
有吉佐和子　新潮日本文学アルバム　新潮社　1200円
有吉佐和子とわたし　丸川賀世子　文藝春秋　600円（古書価）
百合子、ダスヴィダーニヤ　沢部仁美　文藝春秋　1500円
（古書価）
百合子の手紙　湯浅芳子　筑摩書房　4800円（古書価）
複合汚染　有吉佐和子　新潮文庫　705円
悪女について　有吉佐和子　新潮文庫　629円
韓国のパッチワーク　ポジャギ　金賢姫　文化出版局　1700円
墨を読む　篠田桃紅　小学館文庫　552円
物語が、始まる　川上弘美　中公文庫　552円
阿修羅のごとく　向田邦子　文春文庫　552円
猿のこしかけ　幸田文　講談社文芸文庫　940円
包む　幸田文　講談社文芸文庫　980円
番茶菓子　幸田文　講談社文芸文庫　940円

草の花　幸田文　講談社文芸文庫　940円
月の塵　幸田文　講談社文庫　562円
君は小人プロレスを見たか　高部雨市　幻冬舎アウトロー文庫　571円
滞欧日記　澁澤龍彥　巖谷國士編　河出文庫　1100円
突破者の母　宮崎学　青林工藝舎　1500円

定価はすべて2000年当時の本体表示（税別）です。

婦人雑誌

私は何かをコレクションする趣味はないのだが、ただひとつだけ昔の婦人雑誌の編み物関係の付録や編み物の本を集めている。それも必死に集めまくるというのではなく、目についた古書店の目録を送ってもらい、その中に見つけたら注文するといった具合だ。しかし文学書などとは違い、こういった本が古書店の店頭には並ばないし、目録に掲載されることも少ないので、なかなか冊数は増えないが、見ていてとても面白いのである。

私の母もいわゆる婦人雑誌を毎号買っていた。本体よりも付録が目当てだったのではないかと思う。それが証拠に、本体はいつの間にか捨てられていたが、付録だけはつい最近まで手元に残していた。全部ちょうだいと頼んでいたので、先日、まとめて送って欲しいと電話をしたら、

「あーら、捨てちゃったわ」

と簡単にいう。引っ越しのときに全部、ゴミに出してしまったというのである。

「欲しいっていってたじゃないの。ほら、山本リンダが黄色い夏のセーターを着てる表紙のとかさあ、たくさんあったじゃないのよ」

と怒ったら、

「あらー、どうしましょ。そういえば約束してたわねえ。あらー。でも、ないわよ」

と呑気《のんき》にいうので大喧嘩《おおげんか》になった。母の古い付録が手に入らなくなったこともあって、それから付録集めに拍車がかかった。しかし出たとこ勝負なので、毎月、古書目録を見ては、

「今月もなかった……」

とがっくりと肩を落とすのである。

が、今月は付録をゲットした数が多く、うれしい限りである。実は古書店ではなく、たまたまある店の片隅にこのような付録が売られているのを見つけて、付録が入荷していないかと足繁《あししげ》く通っている。今月はその店の店頭にたまたま欲しい付録が出ていたので、いつもより冊数が増えている。付録は色刷りの部分と活版の部分に分かれているのだが、戦前の物はその表紙を含めた色刷りの部分が、珍妙で面白い。当時の印刷技術の限界なのだろうが、あの写真とも絵ともつかない、妙ちくりんな色合いは何

なのだろう。べったりとした平面を無理やりに立体的に見せるような色出しで、中国の人工着色写真よりももっと絵に近い。ベニヤ板に描いた絵や、立体貼《は》り絵みたいにもみえる。戦前は女の子はおかっぱ、男の子は坊ちゃん刈り。みーんな色が真っ白でほっぺたは丸くピンク色をしている。そしてみーんな切れ長の目で肩幅が狭くてなで肩なのだ。

掲載してあるデザインは、○○先生御考案と書いてあるものも多い。シンプルなデザインもあるが、ほとんどはデザイン過剰で、

「ここの飾りはいらないんじゃないの」

といいたくなる。当時の流行なのか、セーターにフリルやボウがくっついていて、実用というよりもお洒落《しやれ》着という感じがする。きっと当時の婦人雑誌の付録は、女の人たちが憧《あこが》れるような、華やかなデザインを掲載していたのかもしれない。そしてまた女性が着るデザインと、男性が着るデザインが、はっきり分かれていた時代だということもわかる。それが昭和三十年代の付録を見ると、男女兼用のペアのセーターの編み方が登場してきたりして、意識が変わってきたこともわかるのだ。また昔の物はまだ糸の種類も少なかったので、使用しているのも入手が簡単な細い糸ばかりで、目数がとても多い。薄手に編み上がることもあって下着の編み方もたくさん載っている。

毛糸のパンツはもちろんのこと、お父さんのももひき、お母さんのいわゆるババシャツ、シュミーズ、ブルマー、着物を着たときの羽織下、足袋カバー、そして飼い犬用の防寒コートなど、現代の編み物の本のどこにも載っていない編み方がたくさん載っていて、これがまた楽しい。

昔の物の中には、今でも通用するようなデザインのものもあって、このデザインで編もうと思うのだが、毛糸の重さはオンスで、寸法はセンチではなく尺や寸で表記されているので、それを計算し直すのが、ちょっと面倒くさい。三十年代のものはすべてグラムとセンチ表記で、太さも種類もさまざまな毛糸が使われるようになっている。しかしまだ毛糸の染め直し法や、残り糸を使った編み物など、しまつをしていた様子がうかがえる。こういった付録は何度ページをめくっても飽きない、私の永遠の愛読書である。

仕事にとりかかる前に、ぶらぶらと散歩をしているとき、突然、私の頭に、

「盆栽」

という文字が浮かんだ。

「盆栽って面白いかも」

とひらめいたのである。そうはいっても昔ながらの盆栽にはあまり興味はない。ガ

ーデニングにも興味がない。以前、手間がいらないという花の大きな鉢植えをもらって、水をやったりしていたのだが、枯れてしまった。そのままベランダに鉢を放置していたら、どういうわけだか何種類もの雑草がものすごく根を張ってしまい、抜こうにも抜けない状態になっている。自分の意思に反して、見事な雑草の寄せ植えが出来上がってしまい、それを見るたびに、何とかしなければとは考えている。しかしこの寒い時期にベランダで作業するのもいやだし、部屋の中から立派に育っている雑草を眺めている状態だ。

そんな生活をしていて、どうして盆栽とひらめいたのかわからないが、小さな鉢の中に仰々しくなく、すっと木や草が生えているのはいい感じである。私が子供のときは、近所の多くのお年寄り（といってもほとんどはおじいさんだったが）の趣味は盆栽だった。松や紅葉がちっこくなって鉢に植えられている。なかには幹がくねーっと曲がっていたり、枝が下を向いていたりしている物もあり、おじいさんたちはそれが自慢のようだった。それは子供心にとっても妙だったし、正直いってどうして小さくするのか、どうしてこれがいいのかわからなかった。おまけにネコが盆栽をだめにしたといって、必ず町内で一年に一度は一悶着《ひともんちゃく》が起き、盆栽をこわされたおじいさんが、このままでは相手を殺してしまうのではないかというくらいに激怒する。私はまだ子供だったので、どうして彼があんなに怒るのか、全く理解できなかったのだ。

『ザ・マン盆栽』は昔からの盆栽とは違い、

「これ、かわいぃ」

と思えるような物だった。街路樹の剪定《せんてい》で切り落とされた枝を拾ってきて、下に敷いた苔《こけ》は近所の下水溝から採ってくる。ただそれだけだとつまらないが、鉄道模型用の小さなフィギュアをそこに参加させることによって、鉢の中にテーマが生まれてくるのである。たとえばベンチに座った老夫婦のフィギュアを置けば、穏やかだが寂しげな風景になる。枝も葉もないが木瓜《ぼけ》の木をただ鉢に植え、根元に斧《おの》を持つフィギュアを置く。この盆栽のテーマは「与作」である。「企画もの　素人屋外全裸ボディペインティング撮影風景」という盆栽もある。裸のお姉さんフィギュアや撮影スタッフのフィギュアが大活躍である。動物のフィギュアもあるので、牧場だって作れるのだ。

昔の、

「どうだーっ、こんなに枝がきれいな形になってるぞーっ」

「ちっこい実がいっぱい生ったぞーっ」

という気張った盆栽ではなく、今の生活にマッチしていて、おまけに楽しい。『盆栽ガーデニング』も庭がない住居に住んでいる人のための、小さな鉢の本だ。フィギ

ュアは参加していないが、

「これだったら私にもできるかも」という気にさせてくれる。松の枝ぶりを丹誠こめて造り上げるよりも、小さな可愛《かわい》い鉢だったら楽しめそうだ。そこにフィギュアを加えると、また別の世界が広がる。まだはっきりやるとは決めてないが、春になったらやってみようかなとちょっとそそられている。このような楽しくて、可愛げがある本はやはりページをめくっていても楽しい。仕事も夕食も終わり、ネコを膝《ひざ》の上に載せながら、こういう本を見るのは、これからくる春への期待もあって、心安らぐ時間なのである。

この月買った本

借家と持ち家の文学史　西川祐子　三省堂　2700円
残酷人生論　池田晶子　情報センター出版局　1400円
小説の周辺　藤沢周平　文春文庫　400円
なんでこうなるの　佐藤愛子　文春文庫　429円
我が老後　佐藤愛子　文春文庫　369円
鷗外の思い出　小金井喜美子　岩波文庫　660円
伸子　宮本百合子　新日本出版社　1942円
天使は清しき家に舞い降りる　カレン・ローガン　佐光紀子訳　集英社　1600円
ひねくれ一茶　田辺聖子　講談社文庫　757円
一茶　藤沢周平　文春文庫　448円
フォックス先生の猫マッサージ　Dr. マイケル・W・フォックス　山田雅久訳　成星出版　1500円
日本文壇史総索引　講談社文芸文庫編　講談社　1900円
新訂　一茶俳句集　丸山一彦校注　岩波文庫　760円
事象そのものへ！　池田晶子　法藏館　1942円
オン！　池田晶子　講談社　1800円
富岡多恵子集10　エッセイ　富岡多恵子　筑摩書房　7000円
西鶴事典　江本裕・谷脇理史編　おうふう　21359円
死と生きる　獄中哲学対話　池田晶子・陸田真志　新潮社　1500円
考える日々　池田晶子　毎日新聞社　1600円
その日暮らし　森まゆみ　みすず書房　1900円
谷岡ヤスジ傑作選　天才の証明　実業之日本社　1500円
きもの暮らし　青木玉・吉岡幸雄　PHP研究所　1500円
ワニを抱く夜　村田喜代子　葦書房　2200円
ザ・マン盆栽　パラダイス山元　芸文社　1600円
盆栽ガーデニング　加藤文子　メディアファクトリー　2381円

ジャクリーヌ・デュ・プレ　C・イーストン　木村博江訳　青玄社
3107円
齋藤緑雨全集巻八　雑纂・日記・書翰・参考篇　筑摩書房
12000円
クラシックCDの名盤　宇野功芳・中野雄・福島章恭　文春新書
880円
流行新型春向き毛糸編み物　大日本雄弁会講談社
昭和八年婦人倶楽部付録　3000円（古書価）
流行新型毛糸編物全集　大日本雄弁会講談社
昭和九年婦人倶楽部付録　5000円（古書価）
春の毛糸編物と春の子供洋服　大日本雄弁会講談社
昭和九年婦人倶楽部付録　3000円（古書価）
流行と実用の毛糸編物全集　主婦と生活社
昭和二十八年主婦と生活付録　900円（古書価）
冬のセーターと街着　講談社　昭和三十六年婦人倶楽部付録
800円（古書価）
家中のあみもの　講談社　昭和三十四年婦人倶楽部付録
800円（古書価）
秋冬のあみもの　主婦と生活社　昭和三十六年主婦と生活付録
500円（古書価）
グラモフォン・ジャパン　一月号　新潮社　925円
グラモフォン・ジャパン　二月号　新潮社　925円
PLAIN and SIMPLE WISDOM　Sue Bender Harper
SanFrancisco　$7.20
Everyday Sacred:A Woman's journey Home
Sue Bender Harper SanFrancisco　$10.40

定価はすべて2000年当時の本体表示（税別）です。

ひと月六十二冊

書店に行くと、手ぶらで出てくることがない私は、毎月どのくらいの本を買っているのか、これまで全く自覚がなかった。部屋の中が確実に狭くなっていくので、量が増えていることは間違いないのだが、この連載をやってみて、どれだけ本を買っているのかがわかった。この連載を読んだ方に、

「たくさん買ってますねえ」

と感心されたりしたが、平均するとほぼ一日に一、二冊というペースである。私以上に買っている人はたくさんいるはずだ。いちばんの問題は、買った本の全部を読んでいないことなのだ。最近は昼間は仕事をして、夜は編み物と読書というパターンになっているのだが、それでも買った本をすべて読破するにはおいつかない。

「これは無駄ではないか」

そう思うようになった。読まれないのに買われた本はかわいそうではないだろうか。

もしかしたら私のあとでこの本をどうしてもすぐに読みたくてやってきた人が、書店の棚を見て落胆するかもしれない。本はそういう人のところに行くべきものだろう。もちろん読む気があるから買うのだが、そう思うものがあまりにたくさんあるものだから、ものすごい順番待ちの列が出来ている。その列は山となり、その山は連峰となり、そして私はその中で本の雪崩に遭うのである。

しかし本を買うのは楽しい。家に帰って早く読もうと浮き浮きする。基本的に袋にはいれてもらわないので、大きなバッグから買った本を取り出して、にんまりしながら机の上に置く。

「えへへ」

などと思わず声も出たりする。カバーをさすり、匂《にお》いをかぎ、ぺらぺらとページをめくって、目を引く文章があると、

「ああ、やっぱり買ってよかった。すぐに読みたい」

とうずうずする。すぐ手に取るのはやめて、仕事をしたり晩御飯の用意をしたりする。そして晩御飯を食べ終わり、ソファに座り、ネコを膝《ひざ》にのせてやっと本を開く。この瞬間が最高なのである。

ところが本を買った直後はテンションが上がっているのであるが、冷静になってみ

ると、

「どうしてこの本を買ったんだろう」

と首をかしげることがある。今月は岩波文庫の哲学系の本である。たしかにこの本を買ったときの記憶はある。『呑々草子』を買うために、大型書店の講談社文庫の棚に行ったのだが、そこには大風邪をひいた、鼻水、くしゃみ連発のおやじがいた。私は彼に接近するのをためらい、とにかく彼の体から出る汁が、私に少しでも取りつかないようにと、少し離れた岩波文庫の棚に移動したのだった。そこで棚を見ていたとき、まず目に入ったのは、『幕末明治女百話』だった。これは迷わずに買った。『マッカーシズム』は昔、持っていたのだが、いつの間にか手元から消え失せていたので購入した。しかしどういうわけだか、棚を眺めているうちに、『ギリシア哲学者列伝』だの『自省録』だのという、私の人生には全く関係のない本を手にしてしまったのである。たしかに高校生のときに、夏休みの課題で、プラトンについてレポートを書いた覚えはあるが、好きでも何でもなかった。ただ課題だから仕方なくやったにすぎない。

「何でだろう」

もう一度、私は首をひねった。どうしても理由がわからない。おまけに『ギリシア

哲学者列伝』は、中と下の二冊を買っている。これまた理由がわからない。とにかく
　このときの私は、手を伸ばしてこれらの岩波文庫を買い、そして風邪ひきおやじがいなくなったことを確かめて、目的の『呑々草子』を買ったのだった。
「もしかして呆《ほう》けたのかしら」
　と心配になったが、買った記憶はあるので、そういうわけではあるまい。そうは思いながらも本を開いてみると、それなりに面白そうではある。が、私の背後には順番待ちの本の連峰がひかえているので、ギリシア哲学者は私の目に触れないまま、図書館の交換本コーナーに行ってしまうのではないかという予感がする。チャールズ・ブコウスキーの著作が多いのは、彼の『死をポケットに入れて』について原稿を書くことになり、他の本を読んでみようと買ったものだ。が、どれもじいさんパワー炸裂《さくれつ》の『死をポケットに入れて』ほど面白くなかった。これもまた、交換コーナー行きになるだろう。洋書も毎月何冊か買っているが、これはインターネットのアマゾンのホームページを眺めていて、あれこれ検索しているうちに、衝動買いした物がほとんどだ。もちろん興味があるから買うのであるが、すらすらと読めるわけがなく、辞書を片時も手から放せない。このままではうちにある洋書を読み終わるまで、百万年くらい必要なのではないかと、自分で蒔《ま》いた種ながら、ちょっと困惑しているのである。

『少女マンガの世界』は、小説の資料のために買った。小学生のころの私は、本と同じくらいマンガが好きだった。マンガ家になりたいと思ったこともあるが、絵の才能はないと自覚していたので、トレーシングペーパーに写し取るだけで満足していた。覚えているタイトルもあったが、りぼん連載の「ぼんこちゃん」、少女連載の「プリンセス・アン」など、絵を見たら思い出し、

「ああ、あった、あった」

と懐かしくてたまらなかった。松島トモ子を主人公にした、「まんが物語トモ子ちゃん」、「中村メイ子ちゃん」など、時代を感じさせる。そしてマンガの原作者として、橋田壽賀子の名前があるのを見つけた。あの信じられないくらい美しい少女を描いた、高橋真琴先生と組んでいる。また「こわくてかなしい　スリラーまんが　はだしの天使」の原作も手がけたりして、幅が広い。

「渡る世間は鬼ばかりのルーツはここにあったのか」

と私は深く納得したのであった。

この月買った本

江戸のガーデニング　青木宏一郎　平凡社　1524円
居場所がない！　伊藤比呂美　朝日文庫　540円
サイレント・ガーデン　武満徹　新潮社　3200円
なにたべた？　伊藤比呂美＋枝元なほみ　マガジンハウス　1500円
ナチュラルハイ　上野圭一　ちくま文庫　660円
老子と暮らす　加島祥造　光文社　1500円
神界のフィールドワーク　鎌田東二　ちくま学芸文庫　1500円
三億円事件　一橋文哉　新潮社　1600円
闇に消えた怪人　グリコ・森永事件の真相　一橋文哉　新潮文庫　629円
だって、買っちゃったんだもん！　中村うさぎ　角川書店　1300円
魂を考える　池田晶子　法藏館　1900円
考える日々Ⅱ　池田晶子　毎日新聞社　1600円
Zipper ニットブック2　祥伝社　743円
住まいの文化　住文化研究会　学芸出版社　2200円
もう消費すら快楽じゃない彼女へ　田口ランディ　晶文社　1600円
フレッシュクリーム　男の規範による女性性からの解放と自立　スサンネ・ブレガー　加藤節子訳　あむすく　3600円
フジ子ヘミングⅠ　ショパン　1000円
大江戸死体考　氏家幹人　平凡社新書　680円
怪死　東村山女性市議転落死事件　乙骨正生　教育史料出版会　1500円
マッカーシズム　R. H. ロービア　宮地健次郎訳　岩波文庫　700円
自省録　マルクス・アウレーリウス　神谷美恵子訳　岩波文庫　560円

幕末明治女百話　上、下　篠田鉱造　岩波文庫　上560円、下600円

ギリシア哲学者列伝　中、下　ディオゲネス・ラエルティオス　加来彰俊訳　岩波文庫　中700円、下660円

人生の短さについて　他二篇　セネカ　茂手木元蔵訳　岩波文庫　560円

建築家、突如雑貨商となり至極満足に生きる　石川修武　デジタルハリウッド出版局発行・駿台社発売　2200円

しゃぶりつくせ！　ブコウスキー・ブック　ジム・クリスティ　クロード・ボウウェル写真　山西治男訳　メディアファクトリー　1400円

モノマネ鳥よ、おれの幸運を願え　チャールズ・ブコウスキー　中上哲夫訳　新宿書房　2000円

ブコウスキー・ノート　チャールズ・ブコウスキー　山西治男訳　文遊社　2524円

ブコウスキーの酔いどれ紀行　チャールズ・ブコウスキー　中川五郎訳　河出書房新社　1942円

パンク、ハリウッドを行く　チャールズ・ブコウスキー　鵜戸口哲尚・井澤秀夫訳　ビレッジプレス　2700円

ブコウスキー酔いどれ伝説　ニーリ・チェルコフスキー　山本安見・城山隆共訳　国書刊行会　2400円

パルプ　チャールズ・ブコウスキー　柴田元幸訳　学習研究社　800円（古書価）

別冊太陽　少女マンガの世界Ⅰ　昭和二十年―三十七年　平凡社　2000円（古書価）

別冊太陽　少女マンガの世界Ⅱ　昭和三十八年―六十四年　平凡社　2000円（古書価）

ツェツェの旅行絵本　シゴレーヌ・プレボワ&カトリーヌ・レヴィ　ギャップ出版　2000円

妖怪の肖像　倉本四郎　平凡社　3800円

霊性のネットワーク　鎌田東二・喜納昌吉　青弓社　1600円

仮面の国　柳美里　新潮社　700円（古書価）
非色　有吉佐和子　角川文庫　300円（古書価）
呑々草子　杉浦日向子　講談社文庫　667円
ビート・パンクス　ヴィクター・ボクリス　渡邊穣司訳　シンコーミュージック　2500円
南天堂　寺島珠雄　皓星社　3500円
コート・イン・セーター　クライ・ムキ　文化出版局　951円
簡単だけど、かわいいニット　紀藤志津子　文化出版局　1068円
NHK人間講座　宮本常一が見た日本　佐野眞一　NHK出版　560円
装苑別冊　2000SPRING　3月号　文化出版局　762円
太陽三月号　骨董を買いに行く　平凡社　1000円
別冊太陽　昔きものを楽しむ　平凡社　2400円
THE GOOD LIFE　Helen Nearing, Scott Nearing　SCHOCKEN BOOKS　$11.20
LOVING AND LEAVING THE GOOD LIFE　Helen Nearing CHELSEA GREEN PUBLISHING COMPANY　$13.56
SIMPLE FOOD FOR THE GOOD LIFE　Helen Nearing　CHELSEA GREEN PUBLISHING COMPANY　$13.56
LIVING THE GOOD LIFE;HOW TO LIVE SANELY AND SIMPLY IN A TROUBLED WORLD　Helen Nearing SCHOCKEN BOOKS　$10.99

定価はすべて2000年当時の本体表示（税別）です。

老いる

私は毎月本も買うが、図書館もよく利用する。近くの図書館にやっとコンピュータが導入され、カウンターの人にいちいち調べてもらわなくても検索ができるようになったので、利用しやすくなった。最近の書店はどこでも並べてある本が似通っていて、どこへいっても個性はあまり感じられない。散歩のルートのなかで、ちょっと変わってる書店があったのだが、残念ながら店を閉めてしまった。新刊本書店に行くよりも、古書店の棚を眺めているほうが、

「へえ、こんな本があったのか」

と発見があるし、それは図書館でも同じである。ただ図書館の品揃《しなぞろ》えというか、並んでいる本はまた書店とも違う。

本の処分に関して、ふんぎりがつかず、どこへ引っ越すにも段ボール箱を山のように持っていったころ、そういう状況にうんざりして、

「本は図書館で済ます」

と決意したこともあった。しかしそれは半月ももたなかった。たしかに図書館には本はあるが、当たり前だがそれは図書館の本であり、自分の本ではない。自分の目が届くところに置いておきたいとそのときに思った本は、家にないといやという性分だったということがわかったのだ。あとで交換本コーナーに持っていくことになったとしても、そのときは自分のものとして手元にないといやなのだ。また読みたい本があって、図書館に行っても、先に誰かが借りていると順番待ちをしなければならない。私は読みたいとなると、すぐ読まなければ気が済まないタイプで、だだをこねる子供のように、

「読みたーい、やだやだやだ、今じゃなくっちゃいやだあ」

といいたくなる。そして書店をまわって、本を買って満足するといった具合だった。以前はちょっと気になる本があると、片っ端から買っていたが、最近はちょっと自粛して、

「どんなんかな」

という本はまず図書館で借りて読み、買うかどうか判断する。手元に置いておきたくて、すぐに買った本もあるし、借りればいいやと思った本もある。つまり本を買わ

ないで済ますということは、私には絶対にできないことなのだ。

古書店にはその店特有の品揃えがあるし、図書館にも図書館風の本の揃え方がある。読者から聞いたのだが、彼女の家の近くの東京近郊の図書館では、漫画家の西原理恵子さんと私が対談をし、コスプレ写真を撮った『鳥頭対談』が開架ではなく閉架になっている。十八歳未満禁止か、R指定かわからないが、読みたい人はカウンターで、

「『鳥頭対談』ありますか」

と小声で聞くと、神妙な顔をした係の人が紙を持ってきて、

「ここに住所と名前を書いて。身分証明書を見せてください」

というらしい。そんな手順をふんで、やっと借りて読んだというので、私は笑ってしまった。純朴な少年、少女には不適切な表現も多々あったかもしれないし、掲載した写真があまりにアホだったので、問題になったのかもしれない。その県か市か、図書館独自の判断かわからないが、こっそり耳打ちをして本を借りるというのも面白いものだ。新刊本書店にはそれなりの楽しみがあり、古書店に行けば古い本が私を呼び、図書館に行けば見たことも聞いたこともない本も並んでいる。それぞれ特有の雰囲気があり、

「やっぱり本を買わずに、図書館で全部済ますというのはとても無理だ」

と悟ったのであった。

最近、図書館で借りた本に『老いを生ききる』(写真・文 田邊順一 法藏館)という本がある。発行されたのは一九九三年で九人のお年寄りのインタビューと、日常生活の写真が掲載されている。私はこの本を読んで、

「うーん」

とうならざるをえなかった。たしかにお元気で何よりというところもあるのだが、あまりに現実は生々しく、高齢者にとって辛《つら》いことが多い。そしてそれが年月がたって社会が変わって、彼らがよりよく過ごせているかというと、今もそれほど変わりがないのではないかと思えるからだった。

函館《はこだて》で焼き芋を売って生活をしている、大正八年生まれのマサエさんという人がいる。彼女は独り暮らしで、雨と突風の日以外は一年のうち、三百日はリヤカーを引いて売りに行く。一日分の七本から十本の焼き芋を売って、手元に残る利益は二、三百円。それと年金と合わせて、二万数千円ほどが彼女のひと月の収入だ。福祉の世話になったらと勧めてくれる人もいたが、かつて夫が病気で寝付いたときに、亡くなるまで何年か生活保護を受けていたけれども、役所で受けた屈辱感と周囲の人々の心ない中傷がいやになって、それから生活保護は受けないことにしたのだった。

住んでいるのは電気も水道もない家だ。漏電と水漏れの心配があるので、彼女が切ってもらった。灯りに使っているのは懐中電灯で、息子が電池を送ってくれる。彼女は布団と湯たんぽで暖をとりながら食事をし、大好きな編み物をし、本を読む。売れ残った焼き芋を買ってくれるお得意さんも何軒かあり、パンの耳をくれたりする。それは朝食になり、昼食は近所の仕出し屋さんが届けてくれる。そして代金のかわりに彼女は自作の編み物を持っていくのだ。

大正四年生まれの正光さんは、老人ホームや病院にいると、寝たきりになるのではないかと思い、そこを飛び出した。彼は脳卒中の後遺症で右半身が不自由なのだが、隔離されるのではなく街で暮らすことを望んだのである。しかし付き添いなしに宿泊することができたのは高級ホテルだけで現実は厳しく、彼はサウナに宿泊することにした。ひと月三万円で冷暖房完備、サウナ風呂《ぶろ》付き、毎日洗いたてのパジャマが着られるからだった。サウナに寝泊まりをして、そこから出勤する人もいる。二十代の若い従業員が体の不自由な彼のために、玄関にスツールを置いてくれたりする。食事は立ち食いそば店で済ませ、食事が終わると働いているおばさんが、カウンターに置いてある薬の袋を開け、彼に飲ませてまた持ち場に戻る。やってもらっていますという雰囲気も、やってあげてますという雰囲気もない。日常の一連の動作になっているのだ。

それから彼は図書館に行ったり、散歩をしたりして、サウナに戻る。結局彼は、年金をもらうためにはサウナには住民票が移せないので、老人ホームに入ることになった。しかしそこでの外出は自由で、デパートやファッションビルにも行くし、競馬もやる。ホームの約半分は認知症のお年寄りで、正光さんは彼らの薬の封を切ってあげている。自分ができないことは人に助けてもらい、自分ができることはできない人にしてあげる。老人は何でもしてもらいたいわけではなく、人にしてあげたいという気持ちもある。それを周囲の人がどう感じ取ってあげるかが、ポイントなのだろう。

かつて理髪店を経営していた、九十一歳の栄一さんは、八十九歳まで客が来ると、仕事をしていたが、思うように手足が動かなくなってきたうえに、失禁もするようになった。二人の娘さんが交代で顔を出してくれるが、身内であっても誰にもそんなことは知られたくない。けれど自分で洗濯する気力が出ない。そのうちどうにでもなれと思うようになって、失禁するままにしてしまった。

近所に住む女性が、彼の面倒をあれこれ見てくれたのだが、臭いもあるし様子がおかしいことに気が付いて、調べてみると、彼女があげた股引《ももひき》の中は、失禁した大便が詰まっていて、切り裂かなければ脱げないような状態で、肌も化膿《かのう》していたという。

それを見た彼女は、泣きながら手当をしてくれ、それから彼の体を拭《ふ》きに来てくれるようになった。彼は呆《ほう》けているわけではない。それなのにこうなってしまうことに、私はショックを受けた。普通に考えると、そんなことは本人がいちばん気持ちが悪くなることなのに、それがどうでもよくなってしまう。それは恥ずかしさと、人の手を煩わせたくないという気持ちから生まれるものだ。ほったらかしにした結果はどうなるかはわかっているはずなのに、もうどうでもよくなってしまう。その気持ちの変化が私にはまだよくわからない。老人目当ての詐欺事件が多発したとき、

「これはおかしいとか、騙《だま》されるのではと、気がつかなかったんですか」

とマスコミの記者がたずねると、

「このままいうなりになっていったら、きっと騙されるなと思ったんだけど、まあいいかと思ってしまった」

という人がいたと聞いた。自分に被害が及ぶと十分わかっているけれど、よしとしてしまう。こういう感覚は年をとらないと理解できないのかもしれないが、そう思わせてしまうのは、とても気の毒なことだ。栄一さんは、おむつを当てるようになったのだが、それから夜がとても怖くなったという。眠ったらそのまま、翌朝、目が覚めなくなるのではと恐ろしくなってきたというのである。彼にとってはどんな状態でも

おむつを当てることが辛かった。それよりは誰にも知られずに、垂れ流していても何事もなかったようなふりをするほうを選んでいたのだ。

人それぞれ、お年寄りには、

「ここは絶対に譲れない」

という部分があって、そこに触れてしまうと死と直面せざるをえない自分を感じて、何ともいえない気持ちになってしまうのだろう。私も必ず年をとるのだが、そのときいったい、どういうふうな状態になって、どういう気持ちでいるのだろうか。年をとった自分を受け入れ、楽しみたいなどといっていたが、現実はそんな生易しいものではないのかもしれないと、この本を読んで気持ちをひきしめたのだった。

この月買った本

浅草　山田太一編　岩波現代文庫　900円
東京に暮す　キャサリン・サンソム　大久保美春訳　岩波文庫　560円
森の生活　上、下　H・D・ソロー　飯田実訳　岩波文庫　上600円、下660円
正法眼蔵随聞記　水野弥穂子訳　ちくま学芸文庫　1200円
草と風の癒し　宮迫千鶴　青土社　1600円
歩く速度で暮らす　槌田劭　太郎次郎社　1699円
一条ふみさんの自分で治す草と野菜の常備薬　一条ふみ　自然食通信社　1700円
かぼちゃの生活　宮迫千鶴　ハルキ文庫　680円
グレン・グールド書簡集　ジョン・P・L・ロバーツ、ギレーヌ・ゲルタン編　宮澤淳一訳　みすず書房　6800円
朝一番のおいしいにおい　佐藤初女　女子パウロ会　1000円
週刊20世紀　ぜいたくの100年　朝日新聞社　533円
当世畸人伝　白崎秀雄　中公文庫　1048円
インターネットはからっぽの洞窟　クリフォード・ストール　倉骨彰訳　草思社　2200円
図鑑少年　大竹昭子　小学館　1700円
聖なる場所の記憶　鎌田東二　講談社学術文庫　1150円
身体の宇宙誌　鎌田東二　講談社学術文庫　1050円
東方の知恵　スコット・リン・ライリー　宮崎信也編　角川ソフィア文庫　952円
はなしか稼業　三代目三遊亭円之助　平凡社ライブラリー　1000円
スナイダー詩集　ノー・ネイチャー　ゲーリー・スナイダー　金関寿夫・加藤幸子訳　思潮社　2718円
聖なる地球のつどいかな　ゲーリー・スナイダー＋山尾三省　山と溪谷社　1900円

アルベルト・ジャコメッティのアトリエ　ジャン・ジュネ　鵜飼哲訳　現代企画室　2500円
日本の弓術　オイゲン・ヘリゲル　柴田治三郎訳　岩波文庫　400円
土を喰う日々　水上勉　新潮文庫　400円
日本奥地紀行　イザベラ・バード　高梨健吉訳　平凡社ライブラリー　1500円
遊女の文化史　佐伯順子　中公新書　699円
ザ・ベストセラー　上、下　オリヴィア・ゴールドスミス　安藤由紀子訳　文春文庫　上819円、下857円
京都の魔界をゆく　か舎＋菊池昌治　小学館　1000円（古書価）
明治フラッシュバック2　遊郭　森田一朗編　筑摩書房　1200円（古書価）
日本の朝ごはん　向笠千恵子　新潮文庫　552円
幇間の遺言　悠玄亭玉介　集英社文庫　600円
江戸ことば・東京ことば辞典　松村明　講談社学術文庫　1068円
ビート・ヴィジョン　アーサー＆キット・ナイト編　金関寿夫ほか訳　思潮社　2136円
伊那谷の老子　加島祥造　淡交社　2427円
YASUJI東京　杉浦日向子　ちくま文庫　540円
三田村鳶魚の世界　江戸を楽しむ　山本博文　中公文庫　590円
江戸・食の履歴書　平野雅章　小学館文庫　533円
高級娼婦リアーヌ・ド・プージィ　ジャン・シャロン　小早川捷子訳　作品社　2800円
レスボスの女王　ジャン・シャロン　小早川捷子訳　国書刊行会　2621円
わたしたちが望む未来　ジョン・エルキントン　ジュリア・ヘイルズ　近藤和子訳　共同通信社　1900円

陰陽師9　岡野玲子　夢枕獏原作　白泉社　790円
壬生狂言　壬生寺編　井上隆雄写真　淡交社　1300円
世界の編物　2000春夏号　日本ヴォーグ社　1400円
月蛙　vol1　子供社　880円
チルチンびと12号　「もったいない」という美学　風土社　980円
30 DAYS TO A SIMPLER LIFE　Connie Cox & Cris Evatt　PLUME　$10.95
The Simple Living Guide　Janet Luhrs　Broadway Books　$20.00
Make Your Own Japanese Clothes:Patterns and Ideas for Modern Wear　John Marshall　KODANSHA INTERNATIONAL　$20.00

定価はすべて2000年当時の本体表示（税別）です。

モデル

四月の七日、私の人生において画期的な事件が起こってしまった。東京コレクションの２０００―２００１、秋冬コレクションにお友だちのもたいまさこさんと一緒に、モデルとして出てしまったのである。その太っ腹なブランド「ＩＯ　ＳＯＮＯ　ＩＯ」（イオ　ソノ　イーオ　イタリア語で私は私という意味）のデザイナーは、コレクションが三回目の木下美伽さんという三十一歳の若い女性だ。すらっと背が高くて美人で、ちょっとおとぼけお嬢さんなのにもかかわらず、少々のことにはこだわらず、しかし服のクオリティはとことん追求するといった、最近、出会った若者のなかでは、この人はなかなかの大物だと思える人だった。

最初、もたいさんにこの話が来て、事務所の社長から、

「実はもう一人といわれているんだけど……」

と話を切り出され、私にどうかともちかけられたのである。打ち合わせのときに私

の名前も出て、先方はもしできればお願いしたいといっているというのだ。もたいさんは舞台を何度も踏んでいるし、人前に出るのも慣れているプロである。しかし私はド素人だ。

「身長が一五〇センチくらいしかなくて、すごーく脚が太くて短くて、プロポーションもめちゃくちゃだっていった？」

「いった。こけしみたいだっていっといた」

すでに社長は私のすべてを語っておいてくれたらしい。私は目の前に広げられた、前回のコレクションの写真を眺めた。どれも仕立てがよくて感じがよく、それでいて今風の新しさもある。服は気に入った。

「ねえ、一緒にやらない。二人だと恥ずかしくないから。邪悪な狛犬《こまいぬ》コンビで」

ともたいさんがいう。彼女は私たち二人のことを、「邪悪な狛犬」と呼んでいる。二人揃《そろ》っていつも、「けっ」という顔で世間を見ているからだ。

「うーん」

私はうなった。私のところには講演の依頼はよく来る。過去に公開対談という形では何回か引き受けたことはあるが、最近はみんな断っている。数が多すぎてどれを引き受けてどれを断るかの線引きが出来ないことと、ふだん自分が書いているようなことを人前でしゃべる必要もないし、それは私としてもつまらないからである。また講演会だとやってくる人のほとんどが、私に興味を持っているわけだが、コレクションの場合は全く違う。きれいなモデルさんたちの中で、私は異質な存在だ。身長は二十センチ以上も低いだろうし、脚は三十センチも短いかもしれない。年齢だって倍以上だろう。断るのは簡単でいやだといえばいいのだが、中年になってなかなかこういう機会はない。全く別の世界のそれも洋服を見せるという、私にとってはいちばん不似合いな状況で、自分はいったいどうなるのか。それにとても興味が出てきて、

「私でよければ」

とOKしたのである。

コレクションまでは二週間ほどしかなく、すぐに打ち合わせに入った。以前の二回のコレクションのビデオを見せてもらっているうちに、だんだん私は背中が丸まっていってしまった。

（えらいことになってしまった……）

外国人のきれいなモデルさんが、すーっとフロアを歩いている。テレビで見るちゃんとしたファッションショーだ。それでも、

「モデル慣れした子はいやなので、いわゆるモデル歩きはするなといってあるんです。

自然な感じで歩いてもらいたいので」

と木下さんはいう。モデルさんはプロだから、歩き方もそれなりに合わせてできるのではないだろうか。何にもわからないド素人と、服を見せ慣れているプロとは全然、違うのだ。

（こういう人たちの中に混じるなんて、何て大それたことを……）

正直いって後悔ばかりだった。ビデオを見終わったところで、もたいさんに、

「大変なことになったね」

とささやくと、彼女も、

「うん」

とうなずいた。彼女がそう思っているくらいだから、私なんぞ現場ではどうしようもなくなるのではないだろうかと不安ばかりがつのった。

不安を訴える私たちに対して、木下さんは、

「大丈夫です、全く問題ありません」

ときっぱりといいきった。

「今回のテーマなんですが、『おばさんはかっこいい』をテーマにしたいと思ってるんです」

それでちょっと安心した。「森の妖精《ようせい》」だの、「はばたく天使」などといわれたら、ただもう身を縮めているしかないが、「おばさん」だったらそのまんまでOKではないか。東京出身の木下さんが、近所の商店街に買い物にやってくるおばさんたちを見ていたら、ものすごく斬新《ざんしん》なコーディネートをしているという。

「今の若い女の子って、みんな同じ格好をしているでしょう。でもおばさんってそんなことないんですよね。寒いから靴下重ね履きしちゃったーっていう感じで、無地の厚ぼったい靴下の上に花柄の靴下を重ねたり、花柄のスカートの上に、チェックのエプロンなんかをしたりして、あのおばさん独自のコーディネートはすごいです。私はこれでいいの！っていうパワーがありますからね。今はひとつのブランドで上から下まで揃《そろ》えるっていうのは、いちばん野暮ったいんじゃないでしょうか」

私たちは彼女の話をうなずきながら聞いていた。ショーで流す音楽も、スタートは商店街で生録してきたものを使うという。聞かせてもらったら、

「はいはいはい、安いよー、安いよー、まいどー」

という声が聞こえてきた。何だかとっても面白そうだとは思ったものの、その中に自分が参加するとなったら、また背中がぐーっと丸まってきた。出かける前に、

「邪悪な狛犬がなぐり込んでやるかあ」

などとふざけていっていたのだが、そんなことをいえるような精神状態ではなくなっていたのである。

それからフィッティングをし、それぞれ二着ずつ着る服を決める。もたいさんはすぐに決まったが、私の場合、コーディネーションによっては、商店街から連れてきた「そのまんま、おばちゃん」になってしまうので、あれこれ組み合わせを変えて何とか着る服は決まった。招待状を見せてもらったが、形状はもろにスーパーマーケットのチラシで、「ストアキノシタ　1日限りの秋の大収穫祭　ぜい肉、むだ肉大放出！主婦の知恵　手作り総菜　カタチ良い大根あし　林檎《りんご》好きは本能……」などというキャッチコピーが並び、木下さん本人は、

「本当にチラシと間違えて、捨てられないようにって思ってるんですけど」

とのんびりいっていた。

あっという間に準備は終わり、あとは本番しかない。リハーサルも当日、一回だけだ。ショー自体の時間が二十分前後で、十五人くらいのモデルが全部で四十五パターンの服を着る。時間にしてみたらたいしたことはないのだが、私はため息をついたり、自分を鼓舞したり、うつむいたりのけぞったりしながら、当日を待った。

前夜、私は落語の高座に上がる夢を見た。すでに噺家《はなしか》さんが着るような男物の着物

と羽織を送られていて、噺を覚えなくてはいけないのだが、どうやっても覚えられない。あせっているところで目が醒《さ》めた。午後、三百人が入れるようにセッティングした目黒スタジオに集合し、一度だけリハーサルをやった。

「スーパーマーケットで買い物をしている感じで歩いて下さい。うつむいて歩くと顔が影になるので、なるべく上を向いて」

と注意があった。モデルさんはほとんどが外国人なのだが、日本人も含めてみんな抜けるように肌が白く、顔が小さくて脚が長い。小学校六年生で身長一六八センチのモデルの女の子もいたが、宮崎から一人で飛行機に乗ってやってきたそうだ。二パターンの最初の服はもたいさんと二人で一緒に出るので、まだ心強いが、あとは一人でお客さんが座っているなかを歩かなくてはいけない。

「ここまで来たら、じたばたしても仕方ないわなあ」

私は髪にカールをしてもらい、つけまつ毛をつけた顔で、控え室でおにぎりを食べながら、ほとんどやぶれかぶれになっていた。

本番がやってきて、二人で出るところでは、もたいさんの腕をがっしりと抱えて歩き、わけがわからないまま一着目は終わった。二着目は一人ずつである。先にもたいさんが出ていった。そして私の番になって一歩踏み出したとたん、人々の視線で思わ

ず、

（ぐっ）

と息をのんでしまった。来ている人は真剣に服を見ようとして来ている。講演とは違い、私本人を見に来ているのではない。その真剣な視線に圧倒されてしまったのである。しかし私はその中を歩かなければならない。途中、みんなの視線に耐えきれず、何カ所か目線を下げてしまい、

（いかん、いかん）

とめちゃくちゃあせった。もたいさんは堂々としていて、さすがプロだなあとあらためて感心した。きっと緊張しているはずなのに、それを全く見ている人に感じさせないのである。私はもろに緊張が体中から出ていたはずだ。観客の中を往復する通路の復路は、走って戻りたい気分だった。

なんとか出番を終えた私たちは、バックステージの長椅子《ながいす》に、買い物に疲れたおばちゃんのように座り込んだ、とにかく終わったことだけが幸いだった。

二十分のショーはあっという間だった。歩いているときはあんなに長く感じられたのにである。終わってから私は落ち込んだ。何度か下を向いてしまったことが悔やまれてならなかった。驚いたのはこのショーに関わっている人のなかで、嫌な感じの人

が一人もいなかったことだった。モデルさんも裏方の人もデザイナーの木下さんも、みんないい人ばかりだった。だからよけい、自分のしたことが悔やまれた。若い人がまじめに、それも生真面目なだけでなく、ちょっと余裕のお遊びもあって、という理想的な仕事をしようとしているのに、年寄りがその足を引っ張ったらどうしようもないではないか。でも済んでしまったことだから仕方がないなと思い直したり、いろいろな思いが私の体のなかを渦巻いた。

もたいさんの事務所の社長が、

「うけてたわよ」

といってくれて、ちょっとほっとした。うけて笑ってもらえれば、それ以上の喜びはない。しかし私は笑ってくれた人々の間を歩いたはずなのに、彼らの笑っている顔は全く思い出せない。真剣にこちらを見ている顔だけを覚えている。群ようこという名前の人間は、それなりのところではそれなりに甘やかされているが、この場では素の自分で勝負しなければならない。私に甘えさせる余地を持たせない、観客の視線が印象深かったのだ。

私はこの体験にショックを受けた。機会を与えてくれた人々に感謝したくなった。経験するということはすごいことなんだとあらためて考えた。若いころは勢いで経験することもあるが、中年になるとなかなかそうはいかない。たしかに本を読むと経験できないことを追体験できる。しかし私は子供のころから本を読み続けていたために、文字の上での追体験が新鮮ではなくなっていたのかもしれない。やはり頭の中の体験と、体で感じる体験とは、どちらがいい悪いではなく、やはり違うのだ。特に中年になっての体験は、自分でも驚くほど精神的に影響を受ける。私にとって今回の経験は、百冊、千冊の本を読むのにまさるくらいのショックだった。全体の空気、その場の流れというか、あとで写真を見れば服はわかるというものではなく、舞台やショーというものは人が動いて成り立つものなのだということがあらためてわかったのだ。というわけで、今回はショーのショックの余韻があったもので、本は買ったものの一冊も読めなかった。本はいろいろなことを教え、経験させてくれるけれど、本に頼りすぎ、読み過ぎるのも問題かもしれないと、あらためて思いはじめた次第である。

この月買った本

母子変容　上、下　有吉佐和子　講談社　各500円（古書価）
有田川　有吉佐和子　講談社　1500円（古書価）
孟姜女考　有吉佐和子　新潮社　1000円（古書価）
海暗　有吉佐和子　文藝春秋　1000円（古書価）
連舞　有吉佐和子　集英社文庫　476円
対訳 亀の島　ゲーリー・スナイダー　ナナオサカキ訳　山口書店　1942円
東京観音　荒木経惟・杉浦日向子　筑摩書房　2200円
粗食でなく素食を！　中川みよ子　文化出版局　680円（古書価）
新編きもの随筆　森田たま随筆珠玉選1　森田たま　ぺりかん社　1000円（古書価）
『フリークス』を撮った男　トッド・ブラウニング伝　デイヴィッド・J・スカル、エリアス・サヴァダ　遠藤徹・河原真也・藤原雅子訳　水声社　2800円
十二世紀のアニメーション　高畑勲　徳間書店　3600円
カラーイメージスケール　小林重順　日本カラーデザイン研究所編　講談社　1600円
智慧の女たち　チベット女性覚者の評伝　ツルティム・アリオーネ　三浦順子訳　春秋社　2718円
北村兼子一炎のジャーナリスト　大谷渡　東方出版　2500円
ふろしき　包むから飾るまで　渡辺千寿子　保育社カラーブックス　680円
江戸前　平岡正明　ビレッジセンター出版局　2400円
宮負定雄　幽冥界秘録集成　山折哲雄・佐藤正英・宮田登監修　水木しげる挿画　八幡書店　11650円
パティ・スミス完全版　パティ・スミス　東玲子訳　アップリンク発行・河出書房新社発売　4500円
弥次喜多 in DEEP 4　しりあがり寿　アスペクト　1000円
落語家の居場所　矢野誠一　文春文庫　543円
大正百話　矢野誠一　文春文庫　486円

定価はすべて2000年当時の本体表示（税別）です。

三味線

とうとう十年来の念願だった三味線のお稽古《けいこ》をはじめてしまった。これまでは仕事が忙しくて時間がとれなかったのと、先生をどうやって見つけていいかわからず、お稽古をはじめる勇気がなかった。それに和物の習い事はどうも不明瞭《ふめいりよう》なところがあり、付け届けだのお礼などがオプションのようについてまわるらしく、そのような面倒くさいことに巻き込まれるのはいやだった。リサーチしてみると、かつて和物の習い事をしていてやめてしまった人に聞くと、やはりそういう部分がいやだったからといった人が大半だった。先生によっては付け届けの有る無しで教え方に差をつけたりというのが露骨にわかったりと、話を聞くたびに、和物には興味はあるけれども二の足をふんでいた。

月に十五本あった締切も整理し、なんとか人間的な生活に戻りつつあり、時期としては今年やらねばだめだと思うようになった。体力や知力を考えてみると、少しでも早いほうがいい。やる気はあっても、指が動かなくなったり、物覚えが悪くなってしまってからでは、やはり同じことをするのでも、進歩は遅いはずだ。そこで再び三味線関係のリサーチを開始したのである。調べてみると、一口に三味線といっても、いろいろな種類があることがわかった。三味線に太棹《ふとざお》、中棹、細棹があることすら知らなかった。津軽三味線の音も好きなので、最初はそっちの方面で捜したのだが、その三味線が太棹という大きなもので、ばあさんになって音の大きい津軽三味線を弾くのは大変そうだなと判断し、聞くのは好きだが習うのはやめにした。

その他にも三味線関係の選択肢は山のようにあった。民謡、義太夫《ぎだゆう》、長唄《ながうた》、清元《きよもと》、新内《しんない》、常磐津《ときわず》、小唄《こうた》や端唄《はうた》。正直いって、どれがどのように違うのか、私には全くわからないので、今まで足を踏み入れたこともない、大型レコード店の邦楽売り場に出向き、CDやカセットテープをひととおり買って聞いてみた。この年で習い事をはじめるなら、覚えるのは大変であっても、やっていて自分が楽しい物がいい。そしてもうひとつ、三味線をやるからには、うちのネコの承諾を得たほうがいいと思った。三味線の皮は犬かネコである。もしもネコが、三味線の曲をかけていやがったら、やめるつもりだった。うちのネコは音に敏感で、いやな音がすると露骨に不愉快そうな態度になる。いちばんきらいなのはテレビから次々に流れるコマーシャルの音で、神経がいらだつらしい。一方、モーツァルトやグレゴリオ聖歌をかけていると、うっとりと目をつぶって寝てしまう。自分の仲間が身を挺《てい》して造られる三味線から出る音にどう反応するかと、買ってきたCDをかけてみた。するとそれまで起きていたのに、私の膝《ひざ》の上で目をつぶって寝てしまった。試しに何度か繰り返したが、同じように寝てしまうかおとなしく耳をかたむけている。これで三味線お稽古にゴーサインを出したのである。

ただし、いくら三味線が弾ければいいといっても、それなりの年齢の大人だし、「日の丸」や「チューリップ」が弾けるようになってもつまらないので、そのプラスaを見つけるのがむずかしかった。長唄、常磐津などのちゃんとした区別はわからないまま、CDやカセットテープを聞きつつ、

「長すぎる」

「興味が持てない」

とひとつずつ消していき、最後に残ったのは新内と小唄だった。新内は風情があっていいのだが、色っぽい体質の人にこそ似合うような気がした。聞いている分にはいいのだが、自分がやるとなると私は色っぽい体質とは正反対なので、向かないなと判断せざるをえなかった。そしてある一曲を聞いて、

「小唄をやろう」

と決めてしまったのである。

それは「茄子《なす》とかぼちゃ」という曲で、歌詞の内容は、畑に生えている茄子を見たかぼちゃが、茄子にからんで喧嘩《けんか》がはじまった。そこに夕顔が仲裁に入るという内容で、まるで「チロリン村とくるみの木」みたいなのだ。「うっふん」系の男女の色っぽさを唄う新内よりも、茄子とかぼちゃの喧嘩のほうが、絶対に私のキャラクターに合っているのは間違いない。習いたいジャンルが決まったら、あとは先生探しである。

これは幸い、私の友人が十年ほど前に芸者修行をしていたので、そのときに顔見知りだった、浅草の置屋の女将《おかみ》さんが教えて下さることになった。ご本人は故小渕前首相の人生と同じ年月を芸に生きてきた方である。紹介がないと教えていただけないという話だったので、私はとてもラッキーだった。私が、

「三味線をやりたいんだけど」

と友人に話すと、彼女も、

「一緒にまたはじめようかな」

といい、同席していた知り合いの女性も、

「私もやりたいと思っていたんです」

と身を乗りだし、三人でお稽古することになった。

最初、先生に、

「お三味線は本当に難しいですよ。見ていると簡単に見えますけどね。あんなに難しい物はないんですよ。みんな最初はやりますっていうんだけど、いつの間にかやめちゃうのね。大丈夫？　辛抱できますか？」

と何度も何度も念を押された。もちろん私たちは、うなずき続けるだけである。誰かがくじけそうになっても、あとの二人が慰め、フォローして、一致団結して続けようという目論《もくろ》みである。このようにやったこともない和物のお稽古にひたる日々がはじまったのである。

私はこれまで楽器関係はピアノ、エレクトーンなどを習ったことがあった。琴は父の妹がやっていたので、小学生のときにひと月だけ教えてもらい、「さくらさくら」くらいは弾けるようになった覚えはあるが、叔母《おば》が結婚をして地方に行ってしまったので、それっきりになってしまった。最初から三味線かと思ったら、まず小唄を覚えないと、三味線を弾くのは無理だと先生にいわれて、小唄を教えていただいた。私は小唄に流派があることすら知らなかったが、流派は春日流である。調べてみたら流派を作った春日とよという方は、日本人の母とイギリス人との間に生まれた、ハーフの芸者さんだった。森まゆみさんが、『明治東京畸人伝』（新潮文庫）で書いておられるが、小唄の普及に尽力した方であったようだ。

先生のお弟子さんは、若い男性の内弟子さんを除き、私の親くらいの年齢の方がほとんどで、小唄と三味線を習って三十年、四十年といった方ばかりで、そこになーんにも知らない新参者がまじってしまった。なかには先生と兄弟弟子であるとか、月に一度、小唄の会を開かれてすでに二十年以上経っているとか、ベテランばかりなので、ぼーっと私たち三人が座っているという有様だ。でもみなさんが昔のいろいろな話を聞かせて下さるので、勉強になることばっかりである。

まずお稽古をはじめて、いちばんとまどったのは、目の前に楽譜がないということである。小唄の歌詞を書いた本はあるが、曲の旋律は書いていない。この本も歌詞は活字ではなく、手書き文字の印刷になっているところがにくい。練習は一対一で、先生が三味線を弾きながら唄うのを聞き、そのあと一緒に唄うのを繰り返す。ところが短い小唄であってもすぐに歌詞を覚えられるわけではなく、旋律も難しくて、一度や二度で頭に入るほど簡単ではない。

「テープに採ってもいいでしょうか」

と泣きをいれて、なんとか練習しているが、楽器を習うときには、当たり前のように譜面を見ていた私は、とてもとまどった。今はテープに録音できるからいいが、昔はすべて口伝であろう。私の年齢もあるのだろうが、短い小唄でさえ、曲を完璧《かんぺき》に覚えられない。テープに採った曲をいつでもどこでも何度も何度も聞いて、覚えるしかないのだ。これがテープがない時代だったら、一曲覚えるのにどれだけかかるのかと思うと、気が遠くなる。鍵盤《けんばん》楽器を習っているときに暗譜をしたことはあるが、それは楽譜を見ながら、何度も練習してから後のことだ。ピアノ曲をのっけから楽譜なしで、先生が弾く通りに弾くとなったら、相当、大変なはずだ。それを和楽器を習ってきた人々は、自分の耳だけを頼りに、当然のようにそれをやってきたのである。

そういう事実をはじめて知って、

「大変だ……」

とつぶやいた。そしてそうやって口伝で芸事を覚えたり、目と指などの感覚で仕事をしてきた職人さんたちなど、昔の日本人の五官の鋭さは何てすごいんだろうと驚きもした。

小唄の歌詞を読んでみても、短い中にはっとするような表現もあったりして、文章として読んでいても面白い。また、お稽古をはじめなければ『江戸小唄』などという本を一生読むことはなかっただろう。習った唄の内容をこの本で調べてみると、ただ覚えて唄うだけとは違って、楽しみが深まるばかりである。

そしてつい最近、やっと三味線のお許しが出て、唄に合わせて弾く練習に入ったのだが、これがまた想像していた以上に大変で、毎週、唄と三味線とで三十分足らずのお稽古でも、終わるとどっと疲れる。しかし楽しいのでいやな疲れではなく、気持ちのいい爽快《そうかい》な疲れなのであるが、思うようにいかない、ふがいない我が身を呪《のろ》うばかりである。三味線も先生が目の前で弾くのを見て、その通りに弾く。

「お三味線は格好のものだから、格好が悪くなっちゃいけません。棹《さお》が下がったり押さえている指を見たりしちゃいけませんよ。みんな勘で覚えるんですよ」

先生にはいわれるのだが、あまりにできないものだから、ついつい弦を押さえている左手を見てしまう。先生が何小節かを弾き、

「はい、どうぞ」

といわれても、

「は?」

と首をかしげるばかりで、どの指がどの弦を押さえているのかもわからない。わかったとしても、弾くと、

「ぼよよーん」

と全く違う弦を弾いてとんでもない音がでて、汗がどーっと流れる。

「一じゃなくて二の糸でしょ」

先生にいわれて頭では十分にわかっているのだが、指が動かない。押さえている左手を見たり、弾く右手を見たり、そのうち、

「棹が下がってきたわよ」

と注意されて、もう何が何だかわからない。自分用の三味線も購入し、家では毎日練習しているのに、

「あああああーっ」

と頭をかきむしりたくなるくらい、できない。うちの弟がギター小僧なので、ギターやウクレレもいたずらで弾いてみたことはあるが、全く別の物なのだった。

三味線などの音楽を聞いてわかったのは、洋楽みたいに絶対的な音がないということである。三味線にはギターみたいにフレットがないのも、調弦が狂いやすい三味線という楽器では、弾き手が耳で適切な音を微妙に感じ取りながら押さえるので、フレットがあるとかえって邪魔だからではないだろうか。調弦が狂いやすい楽器を、弾き手がそれを承知で弾くのは、包容力があってどこか太っ腹という気がする。とはいえ、現在の私は三味線を弾くまでにも至っていないが、いつか、

「よしよし、私にまかせなさい」

といえるようになりたい。つい一年前は頭の中では、宇多田ヒカルの「Automatic」がぐるぐるまわっていたのに、今では小唄の「水の出花」「お伊勢まいり」「からかさの」がぐるぐると渦を巻いて、鼻歌が出てしまう。そこに覚えなくてはならない三味線の伴奏もからんできて、脳味噌《のうみそ》の中は和物一色だ。家で三味線の練習をしていると、うちのネコは少し離れて座り、おとなしく見ている。身を挺して三味線になってくれたネコや犬のためにも、がんばらねばと思っている次第である。

この月買った本

東京欲　土橋とし子　トムズボックス　700円
おとうさんの玉手箱　富安陽子文　土橋とし子絵　ほるぷ出版　1165円
北斎漫画　一、二、三　永田生慈監修解説　岩崎美術社　一、二各3500円、三3605円
北大路魯山人　上、下　白崎秀雄　中公文庫　各980円
笑いの芸術・狂言　婦人画報あるすぶっくす　アシェット婦人画報社　1648円
幕末・明治のおもしろ写真　石黒敬章　コロナ・ブックス　平凡社　1553円
続幕末・明治のおもしろ写真　石黒敬章　コロナ・ブックス　平凡社　1524円
江戸東京ご利益散歩　金子桂三　とんぼの本　新潮社　1600円
芸能の始原に向かって　朝倉喬司　ミュージック・マガジン　1900円
壊色　町田康　ハルキ文庫　580円
男の作法　池波正太郎　新潮文庫　400円
浮世絵美人くらべ　ポーラ文化研究所　2500円
別冊太陽　探訪・大江戸の神仏　平凡社　2300円
うわさの神仏　加門七海　集英社　1400円
ひらがな美術史3　橋本治　新潮社　3000円
神道と日本人　葉室頼昭　春秋社　1800円
別冊太陽　日本を楽しむ暮らしの歳時記　春　平凡社　2300円
別冊太陽　日本を楽しむ暮らしの歳時記　夏　平凡社　2300円
井原西鶴集3　校注・訳　谷脇理史・神保五彌・暉峻康隆　小学館　4657円
東京日記　他六篇　内田百閒　岩波文庫　560円
御馳走帖　内田百閒　中公文庫　835円

日本異界絵巻　小松和彦・宮田登・鎌田東二・南伸坊
ちくま文庫　880円
チベットの死者の書　川崎信定訳　ちくま学芸文庫　820円
聖トポロジー　鎌田東二　河出書房新社　2427円
針女　有吉佐和子　新潮文庫　476円
木瓜の花　有吉佐和子　新潮文庫　743円
紀ノ川　有吉佐和子　新潮文庫　476円
ひよっこ茶人の玉手箱　松村栄子　マガジンハウス　1500円
江戸小唄　増補版　木村菊太郎　演劇出版社　7767円
30時間でマスターできる三味線教本　〈五線譜併用〉　野口啓吉
音楽之友社　1200円
東京人　六月号　都市出版　857円

定価はすべて2000年当時の本体表示（税別）です。

本代

先日、某出版社の編集者と夕食を食べながら打ち合わせをしていたら、そのうちの一人の男性が、この連載を楽しみに読んでいるといって下さった。彼は私よりも八歳ほど年上で、ものすごく本が好きな人なのである。

「それはどうも、おそれいります」

と恐縮していると、彼は他の人はどれだけ本を買っているのか気になって仕方がなく、毎月、私が本をいくら買ったか、いちいち計算しているという。私は原稿を書くときに買った本のリストも一緒に渡すわけだが、いくら使ったか自分では計算したことがない。そんな面倒なことをする気がないし、やっても仕方がないからである。たとえば節約のために確認したとしても、すでに遣ったお金であるから、取り戻せるわけでもない。私は毎月いくらと本代を決めているわけでもないし、その金額を知ろうとも思わないので、

「それはどうも、ごくろうさまです」

とねぎらってしまった。

「意外に買ってないんですよね」

そう彼はいった。ということは彼は私よりも買っているということで、人によって買った数を「多い」「少ない」というのも面白い。かつて私は、毎日、七冊から十冊の本を買う男性を目の当たりにしていたので、自分の買っている数は多いのか少ないのか、よくわかんないのである。コレクターといわれる人は、初版本を二冊買い、一冊は読むため、そしてもう一冊は保存用にしているという話も聞いたことがある。私は自己嫌悪と反省を繰り返し、やっと読んだ本は速攻で処分できるようになってきた。最近では処分するために本を読むようなところもあり、先日も段ボール箱二十個分を古書店に引き取ってもらって、仕事部屋もやっとごみためから、人間がいてもまあいいだろうといいたくなるような環境になってきた。

それに慣れると、

「処分できる本は何かないか」

と捜すようになるから恐ろしいものだ。本はもちろん読むけれども、置いておく本の数を減らすほうが快感になってきた。これからは資料を含めてどれだけ減らせるかがポイントになってくるのだろう。最終目標としては、一冊も床に置くことなく、手持ちの本のすべてを、高さ一メートル五十センチ、幅九十センチの本棚三つに収めることだ。それを実行するべく、古書店に引き取ってもらう本を読んでいるのだが、編集者の男性は、

「うちも置くところがないんですけど、どうしても思い切って処分はできないんです」

という。編集者のほうが物書きよりも本は処分できないかもしれない。極端にいえば物書きは手元に本を置かなくても仕事には支障はないが、編集者はそうはいかない。出版社に応募してくる現代の若者の中には、本をほとんど読んだことがない人もいるらしいが、彼は本が好きで好きでたまらずに出版社に入った人である。

「当たり前ですけど、群さんは自由に好きなだけ本が買えますよね」

「はい」

私はうなずいた。

「僕は失敗してしまいました……」

そういって彼は顔を曇らせた。いったいどうしたのかとたずねたら、財政一切を奥さんが管理しているので、思うように本が買えないというのであった。もちろん会社では役付なので、ひと月一万円で必死のやりくり、などはしなくていいのだが、それ

でも値が張る全集物を買うときには、奥さんにお伺いをたてなければならない。それは家庭のシステムとして仕方がないとは思うものの、いちいち本を買うのにお伺いを立てるというのも、面倒なことだろうと、私はちょっと同情したのである。

「きみたちのところはどうなの？」

同席している共働きの後輩の男性たちに聞くと、みな会計は別々だという。

「そうかあ……。いいなあ」

彼はしみじみといった。

「あのとき、失敗してしまったんだ。あのときに」

あのときというのは、給料の支払いが現金で手渡しから、振り込みに変わるときのことだった。手渡しのときは、自分が必要な分を抜き取り、残りを奥さんに渡していた。それでも彼女は文句をいわなかった。そして振り込みになったときに、彼は給料の管理を奥さんにまかせるといってしまった。

「かっこつけちゃったんですよ。いい夫のふりをしちゃったんですねえ。あれが……、間違いのもとだったんだ……」

彼はとても後悔しているようだった。

「それは今からでも何とかならないんですか」

「経理に聞いたんだけどね、手続きが面倒で、銀行印なんかがいるらしいのね」

「それはそうでしょうねえ」

「だって銀行の印鑑がどこにあるか、全然、わからないんだもの」

彼は悲しそうな顔をした。

「そんな特別なところにはありませんよ。タンスの引き出しの中とか、そんなところにあるんじゃないんですか」

後輩がアドバイスをしても、

「うん。そう思ってこの間、ちょっと捜してみたんだけど、なかったの」

とうつむくのだった。

一同は、うーむとうなったあと、

「じゃ、しょうがないですね」

というしかなかった。

実はその直前、彼はどうしても欲しい全集があって、それを買うにあたって妻とバトルを繰り広げたばかりであった。彼は著者である文学博士を尊敬していて、仕事でも何度か会ったことがある。単行本の著作も買っていたが、今回、全集が発行されるにあたりぜひそれを買い揃《そろ》えたいと、財政を握っている妻に、

「全集を買うから、八万円ちょうだい」

といった。すると彼女は、

「それはちょっと……」

と躊躇《ちゆうちよ》した。それを見た彼は、どうして本代を素直に出さないのかと、むっとしてしまったのである。

「女遊びをするわけでもなく、飲み食いに遣うわけでもない。ただ本を買いたいといっただけなのに、なぜ素直に財布を開けないんですかねえ」

彼の訴えもごもっともであった。彼はいかに著者を尊敬しているか、そして全集が著者のこれまでの業績の集大成であると、こんこんと妻を説得した。

「でもあなた、本棚にその方の本はたくさんあるじゃない。だぶっているものもあるでしょう。第一、全部、読んだの？」

妻は冷静に鋭い突っ込みをいれた。彼はぐっと言葉に詰まった。実はすべては読破していないからであった。しかしここでひるんではならじと、

「うるさい。おとなしく金を出せばいいのだ」

と開き直った。それでも彼女は、

「うーん」

と首を縦に振らない。そこで彼は著者がどんなにすばらしい方であるかを、妻に説明しようとして、

「奥様も先生の研究の邪魔にならないように、陰でずっと支えてこられた、すばらしい方なのだ」

と奥様の内助の功も讃《たた》えた。妻の顔がちょっと曇り、明らかに自分の形勢が不利になったのがわかった。

「それはまずいでしょう」

話を聞いていた後輩がいった。

「えっ、そうだったかな、やっぱり」

「そりゃ、そうですよ。そんなところで奥さんは立派だなんていったら逆効果に決まってるじゃないですか」

みなに口々にいわれたが、彼は、

「それでもどうにか、全集のお金はもらいました！」

とうれしそうだった。

これはまるで、子供とお母さんのやりとりと同じだ。子供が、

「本、買って」

とねだると、お母さんが、

「たくさんあるじゃないの。本棚にあるのを全部読んだの?」

と聞く。読んでない本もあるけれど、新しい本が欲しいから、嘘《うそ》をついて何とか本のお金を出してもらおうとする。それを五十歳を過ぎた男性がやらなければならないのだから、それは大変だ。

「急にまとまった額のお金を欲しいといわれたから、びっくりなさったんじゃないですか。一冊ずつだったらそんなことはないんじゃないですか。一度に八万円欲しいといわれるのと、毎月八千円ずつ十回とは印象が違うと思いますけどね」

私がそういうと、

「ははあ、なるほど」

と彼はうなずいていた。

妻から全集のお金をもらい、彼は前金で全額を支払い、第一回配本分を手にした。待ちに待った瞬間であった。その書店は喫茶室もあり、本を購入すると喫茶室が利用できる。彼はコーヒーを注文し、胸をどきどきさせながら、そーっと分厚い本を開いた。そして本に顔を突っ込み、つい、くんくんと匂《にお》いを嗅《か》いでしまった。すると、

「あははは」

と女性の笑い声がした。びっくりして顔を上げると、笑っていたのはウエイトレスの年配の女性だった。

「昔はそういう人がたくさんいましたけどねえ。今でも本の匂いを嗅ぐ人がいたのかって、思わず笑ってしまいました」

私も昔は本や雑誌を買ったときに、匂いを嗅いだものだった。ザラ紙の雑誌にはそれぞれ匂いがあり、グラビアがある雑誌はまたインクの匂いが違っていて、毎月、いろいろな雑誌を買って、匂いを嗅ぐと、

「ああ、またこの雑誌を買った」

という思いがしたものだった。しかし今は雑誌自体がつまらないので買わなくなってしまった。本の匂いもいちおう習慣なので嗅ぐけれども、特に感動はない。本はただ読めればいいというわけではなく、手触り、紙質、匂い、装丁なども大事な要素だった。本を買うと外から中から匂いから、すべてを楽しんだような気がする。パソコンでも本に掲載されている文字は読めるが、それは単なるデータであって、本とは異なるものだ。私はやっぱり手にとって読みたいのだ。

たしかに私は誰にも気兼ねすることなく、収入の範囲内でいくらでも本は買える立場にある。しかし欲しい本を買うのに、妻との必死の攻防の末に手に入れた彼とは、

本を手にしたありがたみが違うような気がする。そこまで望まれて彼の手元にいった本は幸せだ。私はこれからは買った本は必ず読む。そして読まないで手放すことがないようにしようと、深く心に刻み込んだのである。

この月買った本

狂言ハンドブック　小林責監修　油谷光雄編　三省堂　1650円
評伝　イサム・ノグチ　ドーレ・アシュトン　笹谷純雄訳　白水社　5300円
こんなに楽しい江戸の浮世絵　辻惟雄監修　東京美術　1800円
能楽入門1　初めての能・狂言　横浜能楽堂企画　山崎有一郎監修　小学館ショトルライブラリー　1500円
食う寝る坐る　永平寺修行記　野々村馨　新潮社　1600円
カラー版　浮世絵の歴史　小林忠監修　美術出版社　2500円
浮かれ三亀松　吉川潮　新潮社　1800円
剣客商売庖丁ごよみ　池波正太郎　近藤文夫料理　新潮社　2000円
お能の見方　白洲正子・吉越立雄　とんぼの本　新潮社　1500円
春信　美人画と艶本　中村真一郎・小林忠・佐伯順子・林美一　とんぼの本　新潮社　1456円
歌麿　下村良之介・林美一他　とんぼの本　新潮社　1553円
北斎　漫画と春画　林美一・永田生慈・浦上満他　とんぼの本　新潮社　1553円
鶴見和子曼荼羅Ⅶ　華の巻　わが生き相　鶴見和子　岡部伊都子解説　藤原書店　6800円
行事としきたりの料理　千澄子・城戸崎愛・宮田登　婦人画報あるすぶっくす　アシェット婦人画報社　1552円
日本の食文化　平野雅章　中公文庫　699円
図説　浮世絵に見る色と模様　近世文化研究会編　河出書房新社　1748円
花篝　江戸女流画人伝　澤田ふじ子原作　高瀬理恵作画　集英社　838円
アメリカン・テレビ・ウォーズ　山口秀夫　丸善ライブラリー　丸善　641円

最後の浮世絵師　河鍋暁斎と反骨の美学　及川茂　NHKブックス　日本放送出版協会　970円
浮世絵を読む　1春信　2歌麿　3写楽　4北斎　5広重　6国芳　浅野秀剛・吉田伸之編　朝日新聞社　各2800円
神道　見えないもののカ　葉室頼昭　春秋社　1800円
〈神道〉のこころ　葉室頼昭　春秋社　1800円
新編日本古典文学全集　古事記　小学館　4076円
不信のとき　有吉佐和子　新潮文庫　705円
鬼怒川　有吉佐和子　新潮文庫　514円
香華　有吉佐和子　新潮文庫　705円
恍惚の人　有吉佐和子　新潮文庫　552円
異界のフォノロジー　鎌田東二　河出書房新社　2816円
覚醒のネットワーク　上田紀行　講談社＋α文庫　680円
ヒーリング・ボディ　上野圭一　サンマーク文庫　600円
諏訪優詩集　諏訪優　思潮社　1165円
別冊太陽　おとなの学校2　染めと織りを楽しむ　平凡社　1500円
別冊太陽　日本を楽しむ暮らしの歳時記　夏　平凡社　2300円
新版　三遊亭円朝　永井啓夫　青蛙房　2800円
談志楽屋噺　立川談志　文春文庫　476円
随筆滝沢馬琴　真山青果　岩波文庫　600円

定価はすべて2000年当時の本体表示（税別）です。

古書

例年にならい、今年もどんな熱帯夜も日中も、クーラーを使わないできたが、今月の連日の猛暑にはまいった。汗をかきシャワーを浴びて、何度Tシャツを着替えても暑く、立っていても暑く寝転んでも暑い。うちのネコは洗面所の床に仰向《あおむ》けになり、両手両足をぱかーっと開き、お股《また》も全開の情けない姿で寝ている。

「ちょっと、みっともないからやめたら」

と小声でたしなめたものの、ネコは起きる気配もない。そうなるのも仕方がないといいたくなるくらい暑いのである。「真夏に窓を閉めきっても五分で眠れる女」といわれた私であるが、日中の暑さには耐えきれず、さすがに気持ちがゆらいで、

「ちょっとだけつけちゃおうかな」

とリモコンに手が伸びてしまった。リモコンのスイッチを押したとたん、

「ああ、これで冷たい風が……」

とクーラーの下で期待して目を閉じて待っていたが、いつまでたっても風が吹いてこない。

「電池が切れていたのか」

と電池を交換し、またスイッチをいれて待っていたが、クーラーはうんともすんともいわない。リモコンをぶんぶん振り回したあとにスイッチを押しても、全くクーラーは作動する気配を見せず、どうやらほとんど使わないまま、壊れてしまったようなのである。今のマンションに引っ越してから、七年目になるが、クーラーを使ったのは二、三回くらいだ。マンションに備え付けのクーラーなので、寿命がきたのかもしれないが、使いたいときに壊れてるなんて、なんて間が悪いんだろうとがっくりしたのと同時に、

「それだったら、この夏もクーラーを使わないで過ごすわ！」

と固く心に誓うきっかけにもなったのである。

何年か前、テレビで九州には「しろくま」というかき氷があるというのを見たことがある。私はアイスクリームより、かき氷のほうがずっと好きだ。アイスクリームは食べたあとで喉《のど》がかわいてしかたがないが、かき氷はそういうこともない。口の中もべたべたしないし、やはり夏場はかき氷である。たしか福岡だったと思うが、ちゃり

ちゃりと自転車をこいだ高校生たちが、男女を問わず甘味屋や喫茶店に入っていき、「しろくま」を注文する。すると、なんだかとてつもなくばかでかい、白いかき氷が出てきたのである。フルーツやあずき粒がトッピングしてあり、練乳がかけてある。九州ではこの「しろくま」がポピュラーなかき氷らしいのである。私はそれを見たとたん目を奪われ、心の底から食べたくなってしまい、

「いいなあ、しろくま……」

と地元の人々がうらやましくなってしまったのである。

ところが先日、散歩の帰りにコンビニに行って、たまたま冷凍庫の前を通った私の目に、「しろくま」という文字が飛び込んできた。

「ん?」

もう一度確認すると、間違いなくそこには白熊の簡単な絵と共に「しろくま」の文字があった。急いでドアを開けてパックを取り出した。直径十三センチ、高さ五センチほどの透明な容器に練乳がけのかき氷が入っていて、冷凍フルーツとあずき粒がぱらぱらと散っている。平ったくなっちゃっているので、テレビで見た迫力はないが、とにかく小規模ではありながら、いちおうは「しろくま」である。私は大喜びして二つ買ってきた。

早速、家に帰って食べてみた。

「う、うまい……」

冷たいのはもちろん、パイナップルの酸味とあずきの甘さも参加して、口の中はもちろん体中が大喜びである。これまでは冷たい物をとらないようにと気をつけていたが、今年は、

「食べ過ぎなければよしとしよう」

と、冷たい物を食べたあとで温かいお茶を飲んだりしている。そんなことをしたら意味がないじゃないかといわれそうだが、やはりお茶はどうしても温かくないといやなのだ。体が喜んだあとは、いい気分で原稿を書く。暑さで脳みそが働かず、能率が上がらない仕事も、「しろくま」で活をいれてやる気を起こし、なんとかこなしているというわけなのだ。最近では「しろくまデラックス」というグレードアップした物もみつけた。生クリームかアイスクリームがのっかっていて、パックされた形も円錐《えんすい》形《けい》になっている。しかし私はシンプルなほうが好きなので、普通の「しろくま」一辺倒で、夏場を乗りきっているのである。

やっとひと息つくと、うちわ片手に文字がぎっちりと詰まっていない本を選んで読みはじめる。『女神たち』は出版当時、竹一〇〇パーセントの紙に印刷した本として

話題になった。中に掲載されている版画の女神は、スーパーモデルのようなプロポーションではなく、体全体がぼてっとしていて、脚も長くないどこか親近感のある女神たちばかりである。そしてどことなくユーモラスでもある。たとえば「宝船　土の女神」は宝船にトマト、にんじん、きゅうり、ピーマン、大根、なすなどを山のように載せている。普賢菩薩《ふげんぼさつ》は白い象に乗っているのだが、彼女の描く「普賢菩薩」は自転車に乗っている。女神は小さい白い象を膝《ひざ》の上に載せている。そしてその象が前かがみになって、一生懸命に自転車のハンドルを握っているのがおかしい。そして菩薩は胸の前で手を合わせ、ペダルをこいでいる。それぞれの画には短いエッセイ、それとは別に著者の自伝エッセイも掲載されている。

「一九六〇年代の終りに、私はハーバード大学のあるケンブリッジに住み、ウーマン・リブの洗礼を受けました。でも私がアメリカでその運動に一〇〇パーセント溶けこめなかったのは、ウーマン・リブを提唱する女性たちが、自分たちが抑圧されている理由を、男性中心の社会のせいにしているからでした。私には、社会で活躍しているようにみえる男性も、決して解放されている人間には思えませんでした」

だから彼女の描く女神たちは、目はきりっとしているが、どこか風通しがいい感じがするのだろう。

著者は東京で生まれ、父は道元の禅を学んだ同郷の仏教史家で、母は彼女を芸術家にしたかったという。著者は父と母の両方の血を受け継いだ人生を送ることになった。東京藝術大学に三度目の入試で合格したものの、学校は彼女が想像していたような場所ではなかった。

「入ってみると、藝大の古い教育方針にすぐがっかりしてしまいました」

その後、彼女の結婚について書かれているのだが、それを読んでいた私はあれっと思った。

「大学に入ったものの、すっかり落胆していた私は、入学して間もないその年の夏、若いアメリカ人のジョン・ネイサンと出会いました。ジョンはハーバード大学の修士課程を卒業したばかりで、日本文学を勉強していましたが、日本語がとても上手で、津田塾大学と英語教師たちの再教育機関であるＥＬＥＣという所の講師をしていました」

「私たちは、セロニアス・モンク、マイルス・デイビス、ジョン・コルトレーンなどのモダン・ジャズをよく聴きました。夜、ジョンは英語でジェイムス・ジョイスの『死者』やウィリアム・フォークナーの短編を読んでくれました。彼は、木製のレコーダーを吹くのが上手で、私はその音に合わせて、ジョン・バエズやボブ・ディランの歌を歌いました。私は若いアメリカ人になった気持ちでした。家からも、大学からも、そして日本の女であることからも、自由になった、と思っていました。そして、ジョンが私を自由にしてくれる鍵《かぎ》を握っていると思っていました」

のちに著者は彼と離婚してしまうのだが、元の夫であるジョン・ネイサンとは、『三島由紀夫　ある評伝』（本の表記ではジョン・ネイスン）を書いた人物ではないか。本棚からネイサンの本を取り出して調べてみると、子供の名前が一致したので、これではじめて彼女と彼とが結婚していたことがわかった。わかったからといって、どうってことはないのだが、彼のある著作を手に入れるまでに何年もかかったので、彼の名前は忘れようと思っても忘れられないのである。

私は三島由紀夫の熱心な読者でもないし、コレクターでもない。二十年以上も前、三島由紀夫の評伝でほとんど手に入らない本があると耳にしたことがあった。発売直後に遺族から回収の要請を受け、出回ったのがごく少数という話だった。古書店に出たとしても、ものすごい高額がつけられていて、当時の私にはとてもじゃないけれども、買えるような値段ではなかった。そうなると読みたくなるのが人情である。しかし他に読みたい本も次々に出てきて、この本については読むことも手に入れることもあきらめ、忘れてしまった。ところが三島夫人が亡くなられたのとほぼ同時期から、古書目録でこの本をよく見かけるようになった。他の本よりはたしかに値段は高めではあるが、それでも昔に比べたら相当に安くなっていたので、私も四年前に手に入れることができたのである。

この本の前の持ち主は原書と翻訳を読み比べたらしく訳文を補っている部分の鉛筆の書き込みが何カ所もあった。私はまず書き込みを消しゴムで消して読み始めた。三島由紀夫と親しかったジョンが新しい小説の翻訳を断ったことで不仲になり、絶縁状態のまま三島は自決した。その後、評伝を書きたいという申し出に対して、未亡人が協力してくれたと、ジョンはあとがきで書いている。

「夫人は三島と共にした生活について、一言も語らなかった。二度目に会ったとき、話を聞くべき人々についてたずねている最中に、私はできるだけさりげなく、『瑤子さんの話』も聞かせてほしいといってみた。すると瑤子夫人はまっすぐに私を見返し、事務的な微笑を浮かべて、『瑤子の話はないわ』といった」

本を読んだ感想としては、回収するような問題はないのではないかと思われたが、時代もあるし、未亡人として子供たちの母として、複雑な思いがあったのだろう。「瑤子の話はない」といった言葉にすべてが含まれているような気がした。

本棚のいちばん上の段と真ん中の段に置いてあった二冊の本には、そういう関係が

あった。著者のプライベートな部分の話なのであるが、気温三十三度の真夏の午後、

「しろくま」を食べながら、

「なるほど」

とうなずき、どういうわけか満足感にひたってしまったのである。

この月買った本

新編日本古典文学全集　日本書紀1、2、3　小学館　1＝4457円
2、3＝各4657円
書を学ぶ　技法と実践　石川九楊　ちくま新書　660円
津軽三味線ひとり旅　高橋竹山　中公文庫　495円
現代作家100人の字　石川九楊　新潮文庫　476円
書と文字は面白い　石川九楊　新潮文庫　476円
近世風俗志　一、二、三（守貞謾稿）　喜田川守貞
宇佐美英機校訂　岩波文庫　一＝950円　二、三＝各940円
高台にある家　水村節子　角川春樹事務所　2000円
ぶんやかたりぐさ　岡本文弥　新日本出版社　1845円
岡本文弥の手紙　吉田左喜編　三月書房　2400円
日本流　松岡正剛　朝日新聞社　2000円
潤一郎ラビリンスⅨ　浅草小説集　谷崎潤一郎　千葉俊二編
中公文庫　838円
夢酔独言　他　勝小吉　勝部真長編　平凡社ライブラリー
1000円
浅草紅団／浅草祭　川端康成　講談社文芸文庫　1050円
一人の男が飛行機から飛び降りる　バリー・ユアグロー
柴田元幸訳　新潮文庫　667円
東京学　小川和佑　新潮文庫　438円
日本の音　小泉文夫　平凡社ライブラリー　1165円
江戸戯作草紙　棚橋正博校注編　小学館　2400円
深川江戸散歩　藤沢周平・枝川公一他　とんぼの本　新潮社
1500円
アンタイトルド　中路頼子　京都書院アーツコレクション
1200円
トーキョー・キッチン　小林キユウ　リトル・モア　1300円
骨と空気　勅使河原三郎　白水社　800円（古書価）

すっぱり東京　文師アン・マクドナルド　絵師・超訳師二葉幾久
清水弘文堂書房　700円（古書価）
清元ひとすじ　清元志寿太夫　演劇出版社　2500円
女神たち　小田まゆみ　現代思潮社　3000円
歌舞伎音楽入門　山田庄一　音楽之友社　1800円
江戸小唄（増補版）　木村菊太郎　演劇出版社　5000円
（古書価）
人情裏長屋　山本周五郎　新潮文庫　552円
半七捕物帳一　岡本綺堂　春陽文庫　581円
おいしいおはなし　高峰秀子編　知恵の森文庫　光文社　495円
斎藤緑雨全集　巻一、二、三、五、六、七　筑摩書房
一、六、七＝各6505円　二＝7767円　三＝7282円
五＝8200円
斎藤緑雨全集　巻四　筑摩書房　4000円（古書価）
斎藤緑雨伝　橋爪政成　九州文学社　12000円（古書価）
評伝　斎藤緑雨　衣斐弘行　火涼会　9800円（古書価）
岸朝子のおいしい沖縄の食卓　岸朝子と豊かな食を拓く会
同文書院　1600円
アジアの布を着る　柴田由美子　文化出版局　1200円
もめんの服が好きだから　こうの早苗　文化出版局　1100円
ワンピースの彩り　山口れい　文化出版局　1200円
矢島タケシのどこかが違う僕の服　矢島タケシ　文化出版局
1200円
ぶきっちょさんのソーイングレッスン　基礎とQ＆A　雄鶏社
920円
SCREAMS FROM THE BALCONY:SELECTED LETTERS 1960-1970　CHARLES BUKOWSKI
BLACK SPARROW PRESS　$13.60

定価はすべて2000年当時の本体表示（税別）です。

ネコと暮らす

うちの本棚の片隅に、ものすごーくぼろぼろの本が一冊ある。ビニールのカバーはかかっているものの、紙は茶色く変色し、あちらこちらにもシミがある。今どきこんな汚い本、どこを探してもないんじゃないかというくらいの、すさまじさなのである。干し椎茸《しいたけ》の裏側のびらびらのところが、固く茶色く変色して、それを四角くしたような具合なのだ。林芙美子の『創作ノート』という本なのだが、以前、林芙美子のことを書くときの資料にと、古書店の目録を見て購入した。本の状態などは書いていなかったのだが、届いた本を見て、私はあまりの状態の悪さに驚いたものの、

「読みたいと思っていたからいいや」

と納得した。そしてこの状態にしては、値段が高めなのではないかと思いつつ裏表紙を見ると、そこに「１９４７　林芙美子」と著者のサインがあった。目録にはサイン入りとは書いていなかったので、手にするまで知らなかったのである。

そのサインのおかげで、私はこの本を簡単に処分できなくなってしまった。サインをありがたがるタイプではないのだが、私の気持ちのなかで、特に気になる作家の場合、サインがあるのとないのとでは、本を処分するときに心の痛み具合は格段に違う。だいたい半年に一度、第一次選考、第二次選考、第三次選考と行うのだが、同じ本でもサインなしが第一次選考で落選するとしたら、サインありだと第三次選考まで生き残る可能性は十分にある。最初っからぼろぼろだったのだが、読もうとしてページをめくったとたんに、べりっと音がして、ページがぶっち切れてしまった。読めば読むほど、ものすごいことになってきている。形状があまりにすさまじいので、古書的な価値もほとんどないだろうし、図書館の交換本コーナーに置いて、林芙美子に関心のある人や、勉強している学生さんにもらってもらうのがいちばんふさわしいような気がする。それでもサイン入りとなると、おいそれとは手放せない。本棚の隅で一冊だけ汚れた背を見せて、この本はたたずんでいる。いつ見ても、

「きったないなあ」

と思う。いつ処分してやろうかと思うのだが、裏表紙の林芙美子のサインを見ると、

「うーむ」

となってまた棚に戻してしまう。ずっとその繰り返しなのだ。

一九四七年の発行ということは、林芙美子が四十三歳のときである。

「私はこの創作ノートを出すと云ふことも恥づかしいのです。これから、本當にいゝものを書きたいと思つてゐます。まだ若いのだから、五十歳、七十歳になつて、實は本當の創作ノートを出すべきだと思つてをります」

しかしこの四年後、彼女は四十七歳で亡くなってしまった。この本は随筆と、彼女が半紙を使って自分で作っていた「覚え帖」から、どのような小説に覚え書きが使われたかという、創作にまつわる話が収録してある。彼女は外を出歩いたり、また何かを見物したときなど、折にふれて覚え書きを書きつけていた。それぞれの小説に登場する人物の顔、部屋の間取り、帯や足袋の絵、トランク、菖蒲《しょうぶ》の花が咲く図、番傘、名刺、ランドセル、ネコ、アパートの金魚まで、彼女がイメージする小説に出てくる人や物の絵が描いてある。横には「古風な線の強い顔」「ミチコの良人の名刺」「古いトランク　五月雨の頃　東京駅の描写」「啓吉の眼こんな眼」「コホロギ二匹　三度登場」などと書いてある。それらを頭の中で組み立てて、小説を書いていたのだ。

「私は私の過去の作品について、案内書めいたものを書くのは、ほんたうは厭《いや》でなりません。夢中な、そして鈍い作品ばかり書いて來た私には、現在どんな氣持を書いていゝのか、本當にわからないのです。作品の本領は、たゞ一生懸命に作品を書いて、それを讀者の判斷に任せるより仕方がないでせう」

「大體、私の仕事は、放浪記時代、清貧の書時代、牡蠣《かき》時代と、三期にわけることが出來ると思ひます。その三つの作品の間には、作家としての色々な苦しみもありましたけれど、もうこの苦しみは、そろそろ私にとつては、かへつて血肉になるような、そんな逆な餘裕も感じるやうになつて來てゐて、自分でも、いま、ぐいぐいと何か大きなものが書けさうな氣持がしてなりません」

そして、

「私が、作家的に一番苦しみ惱んで書いたものには長篇『稻妻』があります。力足らずして放つてありますが、私はいまでは此作品が一番好きでなりません」

「私は、作品の上では、あまり筋にこだはらない性分で、むしろ、筋をつくる事は何か臆くうで仕方がありません。一貫した、幹のやうなものが心に浮かんで來ますと、それに細かな枝葉をつける事が愉しみです」

とも書いている。随筆のなかで、

「生きてゐてほんとによかつたと思ふ。生きてゐて、うんとい丶仕事が出來れば一番幸福なことではないだらうか。私は少しづ丶でも前へ歩いてゆきたいと思つてゐる」


と書いてあるのを読み、また裏表紙のサインを見ると、

「うーむ」

とうなるしかない。彼女がいう本当の創作ノートは作られることはなかったし、亡くなるまでの四年間のうちに、ぐいぐいと大きなものが書けたのだろうかと、気になってくる。本を読み終わってはいるのだが、いったいこの本をどうしてよいやら迷い続けているありさまだ。そんなとき別の古書店の目録を眺めていたら、古い「本の雑誌」のバックナンバーが出ていて、私のサイン付きと但し書きがついていた。当時の「本の雑誌」にサインをすることなどほとんどないので、記憶をたどってみると、編集長の椎名さん、社長の目黒さん、イラストの沢野さんたちと、一度だけ合同のサイン会をやった覚えがある。そのときにしたものではないかと思う。きっと私のサインには間違いないだろうが、古書店に出たのは、売った人間がいるわけで、私は自分のことを棚に上げて、

「なぜ、売った……」

とむっとしたりした。そしてそんな私を背後から、著者サイン入りのぼっろぼろの『創作ノート』が、じとーっと眺めているのであった。

『グーグーだって猫である』は、「本の旅人」に連載が移る前の、「ヤングロゼ」のときから楽しみに読んでいた。読み始めたときはうちにはネコがいなかったのに、「本

の旅人」連載中に、ネコと同居することになり、またこの漫画に対する思いが深くなった。ネコを拾ってしまったおかげで、気ままに長期の旅行はできなくなったし、いただきものの骨董《こっとう》の茶碗《ちゃわん》は壊される。ソファは大きなつめとぎと化し、綿ボイルのオーダーカーテンはびりびりに破られ、シングル・ベッドの半分は占領される。まとわりついてきて、仕事が中断されることもある。しかしネコが来たおかげで、私は多少、忍耐強くなった。相手は自分の意のままにはならないということが、しみじみとわかった。実家で半ノラのネコの世話をしていたこともあったが、そのネコの意思で、家の中で寝ることはなかった。ご飯はもらうけれども、すべて人間に依存するのを嫌うネコだった。しかし今のうちのネコのように、べったりと朝から晩まで一緒にいると、接し方が違ってくるし、ネコだからとひとくくりにできない、ネコそれぞれの性格、性質の違いがあることもわかった。

連載中、大島さんとネコのやりとりを見て、何度、眼がうるうるしたかわからない。そして何度、笑って幸せな気持ちになったかわからない。登場するグーグーもビーも、とてもかわいくて、私の目の前で動いているかのような錯覚におちいるくらいだ。「13年と5か月と1日、いっしょにくらしたサバ（猫）が他界した時、その喪失感ったらナミじゃなかった。猫が死ぬということは悲しいを通りこして、罪の意識がおそってきたのだ。みすみす死なせてしまったという罪の意識が。食べられなくなり寝られなくなってしまった。しかしそれは新しくきた猫のたくみなカウンセリングで、まいつものようにガバガバ食べグースカ眠れるようになった」

サバが亡くなったときのいきさつが描かれている部分を読むと、いつも涙が出てくる。どういうことが描かれているかわかっているのに、涙がじわっと流れてくるのだ。サバは看病していた彼女が、朝九時に眠り九時五分に目覚めると、冷たくなっていた。よくネコは飼い主に死ぬ姿を見せないというが、自由に内外を出入りできるネコならともかく、ほとんどを室内で過ごしているネコには、姿を消すことは難しい。しかしサバの場合は本能的にその瞬間を見せないようにしたのではないかと思えるくらいだ。うちのネコは二歳半だが、必ずそのときが来るのは間違いない。それはわかっているが、具体的にはまだ実感はない。少しでも元気で長生きしてくれますようにと、祈るばかりである。動物を飼うとそれがいちばん辛《つら》いのだが、サバの次にやってきた、アメリカンショートヘアのグーグーの登場で、こちらもとても救われる。

グーグーのお腹には毛の模様がある。それを見た大島さんは、

「グーグーあんたのお腹にへんな顔がある」

と驚く。グーグーのお腹にあったのは、お祭りのへそ踊りの顔だった。そしてもう

ひとつ、模様の下側に真っ白なテリアのような顔があることも発見した。グーグーのお腹にある二つの顔は、それぞれ「タゴサク」「ダーシェンカ」と名付けられ、その名前で呼んでも、グーグーは返事をする。そしてつい無意識に、サバと呼んでしまうことがある。

「わたしはそのたびにかなしい」

ここでまた私は、涙がちょっと出てくるのである。

この本を読んでいちばん考えさせられたのは、大島さんが入院しなければならなくなったときの件《くだり》である。自分の体も心配だが、それ以上にネコたちのことが心配になる。私もいつ同じ立場になるかわからない。他人事じゃないわと思いながら、真剣に読んでしまった。大島さんも無事退院され、まずはよかった、よかったと胸を撫《な》で下ろした。私が動物を飼わなかったのは、亡くなるのがいやだったからで、ネコを飼いはじめたときにその話をある人にしたら、

「でも飼い主が先に亡くなるほうが、動物にとってはかわいそうじゃないでしょうか」

といわれて、ああ、なるほどと思った。グーグーがいるのに、迷い猫を拾いビーと名付けて飼いはじめるのもとてもよくわかる。より大変になるのがわかっているのに、

無視できない。ネコがいるために、朝、まだ眠りたいのに起こされて、睡眠不足になることもある。こちらの都合だけでは事が運ばなくなる。しかしそんなマイナスの面よりも、彼らから与えてもらえるもののほうが、ずっとたくさんある。それが淡々と日常生活のなかで描かれている、全く見飽きることがない、動物と人間の関係を考えさせられる奥の深い本だった。

この月買った本

図説　大江戸の賑わい　西山松之助監修　高橋雅夫編　河出書房新社　1553円
図脱　浮世絵に見る江戸の暮らし　橋本澄子・高橋雅夫編　河出書房新社　1553円
図説　日本の妖怪　岩井宏實監修　近藤雅樹編　河出書房新社　1600円
図説　浮世絵に見る江戸の歳時記　佐藤要人監修　藤原千恵子編　河出書房新社　1800円
炎の雀ブラー　パンチョ近藤　竹書房　562円
グーグーだって猫である　大島弓子　角川書店　1100円
江戸の闇・魔界めぐり　岡崎柾男　東京美術　1600円
ポストカードブック　日本の猫　岩合光昭　平凡社　950円
大江戸魔法陣　加門七海　河出文庫　580円
東京魔法陣　加門七海　河出文庫　540円
うわさの神仏　其ノ二　加門七海　集英社　1400円
梵字手帖　徳山暉純　木耳社　1300円
ウィリアム・バロウズと夕食を　ヴィクター・ボクリス編　梅沢葉子・山形浩生訳　思潮社　2000円
江戸のファーストフード　大久保洋子　講談社選書メチエ　1500円
摘録劉生日記　岸田劉生　酒井忠康編　岩波文庫　760円
江戸の快楽　下町抒情散歩　荒俣宏　安井仁写真　文藝春秋　2000円
明治人ものがたり　森田誠吾　岩波新書　640円
全日記小津安二郎　田中眞澄編纂　フィルムアート社　3000円
小津安二郎戦後語録集成　田中眞澄編　フィルムアート社　3000円
女二人のニューギニア　有吉佐和子　朝日新聞社　500円（古書価）

和宮様御留　有吉佐和子　講談社　500円（古書価）
二重らせんの私　柳澤桂子　ハヤカワ・ノンフィクション文庫　560円
料理歳時記　辰巳浜子　中公文庫　629円
わたしは瞽女　大山真人　音楽之友社　2000円
禅を語る　澤木興道　大法輪閣　2300円
エスクァイア日本版「コメディ映画で笑い飛ばせ！」　エスクァイア　マガジン　ジャパン　350円（古書価）
大好きなイタリアで暮らす　ビバ！イタリアンクラブ編　双葉社　1500円
やっぱりイタリア　タカコ・H・メロジー　集英社文庫　514円
イタリア幸福の12か月　タカコ・H・メロジー　集英社文庫　400円
イタリアでわかった　タカコ・半沢・メロジー　祥伝社黄金文庫　552円
聞き書　女優　山田五十鈴　津田類編　平凡社　1700円
ロンドン・カプセル　木越由美子写真・文　太田出版　1700円
BRING ME YOUR LOVE　CHARLES BUKOWSKI ILLUSTRATIONS　BY R.CRUMB BLACK SPARROW PRESS　$4.80
LIVING ON LUCK:SELECTED LETTERS 1960S-1970S VOLUME2　CHARLES BUKOWSKI EDITED　BY SEAMUS COONEY BLACK SPARROW PRESS　$13.60
RERCH FOR THE SUN:SELECTED LETTERS 1978-1994　VOLUME3　CHARLES BUKOWSKI EDITED BY SEAMUS COONEY BLACK SPARROW PRESS　$14.00

定価はすべて2000年当時の本体表示（税別）です。

脳と緊張感

うちの母親はわがままでのんきである。緊張感がまるでない。面倒な夫はおらず、私が苦労している分、彼女に生活の苦労はない。買い物に行けば目は輝き、食事をするにも名前の通った店を選び、

「おいしいわねえ」

と大喜びする。元気がなくなるのは、唯一、買いたい物を我慢しているときだけなのだ。そんな彼女が、目の手術をするといって、電話をかけてきた。数年前、老人性の白内障の手術をしたいというので、私は状態を聞き、

「まだ見えるんだったら、無理してしなくてもいいんじゃないの」

といい、彼女もそれに従った。そして今度はすでに、手術を受けると決めていた。手術を受けた人に聞いたらば、駅の路線図の料金表が見えなくなったら、手術どきであるといわれた。それは見えるのだが、霞《かすみ》がかかっているので、それがくっきり見え

るようになりたいという。つまり見えなくなったわけではなく、もっと見たいというわけなのだ。

「自分で見づらいと思うんだったらすれば」

いくら親子といえども、人の体調にまでは立ち入れない。

「最新治療の白内障手術はねえ、すぐに終わるんだって。念のために術後一週間は経過を見る必要はあるんだけど、手術自体はとっても簡単なの」

彼女ははりきっている。どうも最新式の手術のパンフレットを集めてきて、検討したらしいのである。とにかく、

「最新技術の最新医療」

を何度も繰り返し、病院はとってもきれいだなどといい、とっても楽しそうだ。私はこれから手術を受けるというのに、こんなにのんきな人を知らないので、ただただあっけにとられてしまった。

母親にはいつも度肝を抜かれるのだが、命にかかわらないとはいえ、私は手術はなるべく避けたいタイプなので、

「怖いもの知らずだなあ」

とちょっと呆《あき》れた。たとえばそれをしなければ、当人がとても我慢できないくらい

に辛いというのならわかるが、日常生活に差し障りがないのなら、手術をする必要はないというのが私の考えだ。が、彼女は、

「見えない。だから手術する」

というとっても合理的な考え方をする。もしも母親が今の時代にコギャルとか、二十代の若い娘だったら、

「したいから、やっちゃった。かわいくなって超ラッキー」

といいながら、平気で整形をしまくったかもしれない。

「ああ、七十歳になっていてよかった」

と正直いって胸を撫《な》で下ろした。

私は臆病《おくびょう》なところがあるので、

「手術となると、もしかして目の玉に麻酔の注射をするのでは……。どひゃー」

と震えがくるのだが、母親はそういうことも考えないらしい。とにかく、

「腕のいい医者にきれいな病院でしてもらう最新医療」

に胸がふくらんでいる。古ぼけた病院でやる手術は望んでいない。どんなに医者の腕がよくても病院は彼女のおめがねにかなったものでないとだめなのだ。

「まあ、立派な病院でおやりになって」

といわれたいのである。考えてみれば、

「どうしよう、どうしよう」

と手術前にくらーく落ち込まれるよりはましかもしれないが、あまりにはしゃいで手術を待っているというのも、こちらとしては困ったものである。無事手術が成功し、ものすごーくよく見えるようになったら、ますますわがままでのんきになるだろう。七十歳からますますパワーアップ。こちらは五十代、六十代になり、ついていけなくなる。もしかしたら私のパワーは母親に吸い取られているのではないだろうか。身内としては無事に手術が終わってくれるようにと祈るばかりだが、いくつになっても騒がせてくれるわいとため息をついているのだ。


ハイテンションの電話につき合わされたあとは、何だかぐったりする。本当に電話線を通じて力を吸い取られたという感じなのだ。電話がかかってくる前は、

「あれもしよう、これもしよう」

と計画をたてているのだが、受話器を置いたとたんにどっと疲れて何もしたくなくなり、しばし呆然《ぼうぜん》とソファに座っている。そしてそんなとき手に取ったのが『刑務所の中』だった。雑誌に連載中から読んでいたが、一冊にまとまるとより面白い。著者は銃砲刀剣類所持等火薬類取締法違反で懲役三年の刑に服した。執行猶予はつかなか

った。そのときの獄中での出来事が描いてあるのだが、これを読んだときの、いちばん最初の私の感想は、未決囚や受刑者たちが、

「結構、いいものを食べてるなあ」

だった。「米七麦三の御飯、じゃがいもとわかめの味噌汁《みそしる》、納豆に梅漬け二個、番茶」である。そのほか、カレー、とんかつ、焼魚、レバー炒《いた》め、おでん、うま煮、グラタン、シチュー、目玉焼き、佃煮《つくだに》など、一食ずつバランスが考えてあり、日々、自炊している私の食べているメニューよりも、はるかにバランスがとれていて豪華なのだ。昔から「臭い飯」といわれていたが、かつてはそうだったのが、改善されたのかもしれない。著者も、

「しかしまあ、毎日毎日忘れもせずメシをくれるもんだよなあ」

と書いている。

「未決囚といえども、罪人なんだからカビのはえたような食パンの耳ひとつまみと、クズ野菜のスープでも三日に一度与えれば充分だと思うけどな」

「悪事をはたらいたのに、こんないい生活をしていいのかな。この法には加害者に対する怨念《おんねん》とか復しゅう心とかがまったく感じられないな。これじゃ被害者はあわれにも泣寝入りだ。悲しみと憎しみは地球にたまる一方だな」

たしかに食事の面はそうかもしれないが、他では厳しい規則に縛られている。名前で呼ばれず番号扱いになる。自室で用を足しているところを看守に見られる。運動の日の出房のときは、ドアの前に正座して待つ。懲罰をくらうと一日中正座である。正座ができない私には考えられず、

「とてもじゃないけど服役できないわ」

とつぶやいてしまった。点呼のときの腕まくりはだめ。室内での腕立て伏せもだめ。懲罰房では病院などで出される薬袋の袋貼《は》りをする。作業をしていて催しても、勝手にトイレを使えない。いちいち、

「用便願います」

とお伺いをたてなくてはいけない。著者は、

「誰とも会わなくてもいいし、仕事は頭も使わないしこれは自分にピッタリの場所だな」

と思う。そして一生ここにいろといわれたらどうするかと考える。出した結論は、

「まあ三日もワンワン泣けばあきらめつくな……」

だった。

懲罰房を出て、みんなと作業場で仕事をするときも、自分勝手に行動することは許

されない。何をやるにも「願いまーす」と挙手をして、看守に指をさしてもらわないといけない。用便はもちろん、消しゴムを落として拾うにも、彫刻刀研ぎも、いちいち「願いまーす」が必要だ。作業場を歩くときも両手を腰に小走りだの、彫刻刀を持っているときは小走り禁止とか、微に入り細に入り決められていて、

「ああーっ、こういうこうるさい生活は絶対にだめ」

とはじめて塀の中のがんじがらめの生活の一端がわかった。

彼らの生活に不足しているものは、日常の自由と、甘い物である。外に出たら甘い物をたらふく食べたいという。彼らが楽しみにしているのは、パン、マーガリン、小倉小豆、というメニューだった。「あまりにもうまいものを食うと脳がドンヨリ」するらしいのだが、なかには禁止されているのに、甘い物が嫌いな者から残り物をもらって、隠れて食べる者もいる。それがばれたら仮釈放が取り消しになるくらいの掟破《おきてやぶ》りなのに、大の男がやってしまうのだ。

「人間うまいものを毎日腹いっぱい食ってたら、脳がどんよりして必ずだめになるな」

著者は御飯にしょうゆをかけてみて、あまりのうまさに驚く。

「シャバでは身のまわりにうまいものだらけなのに、グルメに狂うバカヤツラどもは、もっとうまいもの、もっとうまいものと走り回っているうち舌がバカになってしまっ

あちらからはこちらからは塀の中の出来事は想像もできないが、あちらからはこちらの様子がよく見える。この本のおかげで、塀の中と外を同時に私は垣間見る《かいまみ》ことができたのだ。塀の中でも嘘《うそ》つきと見栄っぱりが嫌われたり、看守に取り入ってかわいがってもらおうとする奴がいたりするのもおかしい。服装、食事、部屋の状態など、服役中はメモなど絶対にできないはずなのに、ものすごく詳しく描かれている。食べたい物が食べられ、食べようと思えばいくらでも甘い物が食べられる私は、すでに脳がどんよりとなっていることだろう。もともと著者が記憶力が優れていたのかもしれないが、

「やっぱり好き勝手にたるんだ生活をしていると、頭もゆるんで来るのかもしれない」

と母親の生活を思い、自分の身を反省し、この本を読み返して、

「塀の中、外にかかわらず、人間、ある程度の厳しさは必要だ」

とうなずいたのだった。

この月買った本

江戸東京の年中行事　長沢利明　三弥井書店　3200円
図説　江戸料理事典　松下幸子　柏書房　7573円
新編日本古典文学全集　近松門左衛門集1、2　鳥越文蔵・山根為雄・長友千代治・大橋正叔・阪口弘之　校注・訳
小学館　各4657円
新編日本古典文学全集　井原西鶴集1　暉峻康隆・東明雅　校注・訳　小学館　4657円
新編日本古典文学全集　井原西鶴集2　宗政五十緒・松田修・暉峻康隆　校注・訳　小学館　4657円
TIMEが選ぶ20世紀の100人　下巻　徳岡孝夫監訳　アルク　1800円
日本のポストカードブック　浮世絵猫　講談社インターナショナル　1500円
刑務所の中　花輪和一　青林工藝舎　1600円
鬼平が「うまい」と言った江戸の味　逢坂剛・北原亞以子文　福田浩料理再現　PHP研究所　1300円
真砂屋お峰　有吉佐和子　中央公論社　500円（古書価）
出雲の阿国　上、中、下　有吉佐和子　中央公論社　三冊1500円（古書価）
女弟子　有吉佐和子　中央公論社　500円（古書価）
有吉佐和子の中国レポート　新潮社　500円（古書価）
仮縫　有吉佐和子　集英社　1000円（古書価）
日高川　有吉佐和子　文藝春秋　1000円（古書価）
北斎絵本　芸艸堂　1600円
「捨てる！」技術　辰巳渚　宝島社新書　680円
カメラの前のモノローグ　埴谷雄高、猪熊弦一郎、武満徹　マリオ・A　集英社新書　660円
百年前の東京絵図　山本駿次朗　小学館文庫　638円

新潮日本文学アルバム　与謝野晶子、岡本かの子、泉鏡花、江戸川乱歩、梶井基次郎、谷崎潤一郎、永井荷風、内田百閒、正岡子規　新潮社　各1200円

ダヤンのスケッチ紀行　モロッコへ行こう、イタリアへ行こう、英国とアイルランドの田舎へ行こう　池田あきこ　MPC　各1600円

別冊太陽　日本を楽しむ暮らしの歳時記　秋　平凡社　2300円

イラストイタリア旅行生活単語500　川野美也子、ミズコ・ウーゴー　朝日出版社　1400円

スローフードな人生！　島村菜津　新潮社　1600円

岡本かの子全集1　ちくま文庫　1068円

岡本かの子全集3、4　ちくま文庫　各922円

岡本かの子全集6　ちくま文庫　971円

岡本かの子全集10　ちくま文庫　1165円

岡本かの子全集12　ちくま文庫　1262円

伝記叢書74　かの子の記　岡本一平　大空社　8058円

随筆集 団扇の画　柴田宵曲　小出昌洋編　岩波文庫　600円

つまらぬ男と結婚するより一流の男の妾におなり　樋田慶子　草思社　1600円

人物探訪　地図から消えた東京遺産　田中聡　祥伝社黄金文庫　571円

爆笑問題の日本史原論　爆笑問題　メディアワークス　1000円

ぼくの伯父さんの東京案内　沼田元氣　求龍堂　1800円

ほんとうの自分を求めて　グロリア・スタイネム　道下匡子訳　中央公論新社　3000円

あめりか物語　永井荷風　講談社文芸文庫　1300円

下谷叢話　永井荷風　岩波文庫　660円

文人悪食　嵐山光三郎　新潮文庫　743円

「困ったガラクタ」とのつきあい方　ミシェル・パソフ　羽生真訳　河出書房新社　1400円

季刊銀花　百二十三号　白洲正子きもの草紙　文化出版局
1381円
THE GRASS IS ALWAYS GREENER OVER THE SEPTIC TANK　Erma Bombeck FAWCETT CREST $5.59
IF LIFE IS A BOWL OF CHERRIES WHAT AM I DOING IN THE PITS?　Erma Bombeck FAWCETT CREST $4.79
WHEN YOU LOOK LIKE YOUR PASSPORT PHOTO,IT'S TIME TO GO HOME　Erma Bombeck Harper Paperbacks　$5.59
GIFT FROM THE SEA　Anne Morrow Lindbergh PANTHEON BOOKS　$7.16
LOCKED ROOMS AND OPEN DOORS:DIARIES AND LETTERS 1933-1935　Anne Morrow Lindbergh HARCOURT BRACE　$10.36

定価はすべて2000年当時の本体表示（税別）です。

物欲

物欲があるかと問われたら、私はあるともないともいえない。目についた物は何が何でも欲しいというわけでもないし、不必要な物は買わないとがんばっているわけでもない。しかし年齢が上がるにつれて、物をたくさん持っていることが負担になってきたのは事実だ。山のような物を片づけるパワーがなくなってくるし、どこに何があったか思い出すことも難しくなってくる。まだ私は老いたという年齢ではないが、これから物は買わないように、そして余っている物を処分しなければいかんと、一週間に一度は思っている。が、それをなかなか実行に移すのは難しいのである。

現在、私の家の中は、物であふれかえっている。３ＬＤＫのマンションは、中年女とネコ一匹の住まいとしたら贅沢《ぜいたく》なスペースだが、それをいいことに、ふと気がついたら物だらけになっていた。以前は五十平米くらいのマンションに荷物が収まり、きれいに片づいていたのに、一・五倍の広さの部屋に移って六年、物は三倍に膨れ上がった。

仕事部屋のそこここには、本棚からあふれた本が積み上げられている。部屋の隅に置いてあるパソコンのところにたどり着くには、いくつもの本の山をまたいでいかなくてはならない。私は股下《またした》が短いので、それなりの高さに本を積んではいるのだが、バランスを失って本の山にけっつまずくことも多い。すると周囲の本がどどーっと崩れてきて、床が全く見えなくなる。すぐに片づけると自分の間抜けさを再認識するはめになるので、崩れた本から顔をそむけて、パソコンの前に座る。仕事中はいっさいそちらのほうを見ない。そして一段落つくと、しぶしぶ本を積み直す。本が少なければといつも思うが、買うのはやめられないのである。

ベッドルームに山積みになっているのは衣類である。最近はほとんど衣類は買っていないが、昔に買ったものが処分できない。主に山積みになっているのはTシャツである。作りつけのクローゼットの戸は開いたままで、戸にはたくさんのハンガーがひっかけてある。ジャケット、シャツ、スカートなど、私にとっての数少ないおでかけ着が並んでいる。着た後は風を通したほうがいいと思い、ハンガーにかけて外に出しておく。クローゼットに戻せばいいものを、ほったらかしにしているので、ジャケットをかけたハンガーの上にスカートのハンガーが、またその上にシャツのハンガーがという具合に衣服の鈴なり状態になり、三か月に一度、「どすっ」という音と共に落下する。重さに耐えきれず、ハンガーのひっかける部分が、伸びきってしまうのである。私は舌打ちをしてしぶしぶ腰を上げ、落下した衣類をクローゼットに押し込む。そのときはすっきりするのだが、ふと気がつくと、おでかけ着はまた鈴なり状態になっているのだ。

和室の着物は桐《きり》ダンスに入れてあるので、外にあふれてはいないが、帯用のタンスを持っていないので、帯は箱に入ったまま山になっている。洋服はすべて無くしても、着物は大切にしたいのだが、冷静になった私は、

「しかし万が一、地震があったとき、この着物や帯をいったいどうするんだ」

と自問自答する。有事の際に二棹《ふたさお》の着物など運び出せるわけがない。緊急避難用品が入っているデイパックを背負い、ネコを抱きかかえたらそれでおしまいだ。体はひとつだというのに、どうしてこんなに着物を買ってしまったのかと首をかしげるのであるが、後の祭りである。リビングルームにはビデオやCDの山があり、まるで物欲の山岳民族のようなのだった。

このような性格を改善しなくてはいけないかと、禅の本などを読んでみたりしたが、難しくてわけがわからず、ほとんど役に立たなかった。ついこの間、目をつぶって物

たちを大処分しようと真剣に考えた。捨てたあとは何も買わない。九十八パーセント実行するつもりで、その決意を編集者に話したところ、彼女に、

「でもそれって女性としてちょっと悲しくないですか」

といわれた。それを聞いた私は、残りの二パーセントをいたく刺激され、大処分はとりやめた。しかし物は増えないながらも、読みたい本はすぐに探し出せない、チェストの奥からは、忘却の彼方《かなた》にあった薄手のセーターが、ひょっこりと姿を現す、同じような色合いの帯締めが何本もあるという有様で、自己嫌悪に陥っている毎日なのである。

酒井順子さんは私よりもひと回り若い世代であるが、『モノ欲しい女』に載っているモノたちは、携帯電話を除き、私が持っている、もしくは持っていた物ばかりだった。

「若い人でも、モノに対する思い出や現実って、そんなに変わるものではないのだな」

と私はうなずきながら読んだ。この本に載っているのは、エルメスのバッグ、カルティエの腕時計といった、目が飛び出るブランド品ではなく、女性が日常生活で使う物ばかりである。たとえばビューラーは、睫毛《まつげ》が下向きに生えていて、目が一重の私にとって、無くてはならない道具だった。母が化粧をするのを見ていた中学生の私は、

彼女がいないときにそーっと鏡台を開けて、ビューラーを取り出してみた。そしていちばん最初に使ってみたとき、しこたま瞼《まぶた》を挟んでしまった。普通ならそれに懲りて、二度とやるかと思うのであるが、先にも述べたとおり、私にはビューラーの手を借りなければならない理由があった。それから母の目を盗んで、ビューラーの練習をし、毎日登校前に睫毛をカールさせた。ところが途中で会った友だちに、

「どうしたの、あんたの睫毛」

といわれて、そのときはじめて捷毛が直角に曲がっていることに気がつき、私は笑い物になったのだった。

私が中学生のときよりも物が豊富になっても、酒井さんがいちばん最初にビューラーをお母さんの鏡台からそっと取り出した気持ちは、私が持った気持ちと同じだったと思う。どんな立場にいようと、ビューラーに求める要素はただひとつなのである。ブランドや高価な物と違い、他人に見栄《みえ》を張るようなモノではないからこそ、どんな女性でも持っていて、共感できる部分なのだ。

「喫茶店で待ち合わせをしていたのに相手が来ない時。イライラしているのだが、露骨にそれを表情に出して『すっぽかされた女』だと見破られるのは嫌。そこでおもむろに手帳を取り出し、難しい顔でページをめくったり、何か書き込んだりしてみる。」

ここの件《くだり》を読んで笑ってしまった。全く同じことを私は何度もやっていた。いや正直いうと今でもやってしまうからだった。ただ手帳を眺めているだけではなんだからと、ボールペンを手にして、手帳に書き込む。何を書いているかというと、

「帰りにニラを買う」

などという程度のことにすぎない。誰も自分のことなんか見ているはずはないのに、ちょぴっとだけ見栄を張ってしまうのである。ところがこの本を読むまで、私は他人に対してのアピールだという自覚がなかった。しかしよーく考えてみると、それはたしかに手持ちぶさたではあったけれども、明らかに他人の目を意識している行為だったのだ。

リボンは見るのは好きだが、身につける気はなし。ピアスも二十歳のときにあけたけれども、すぐふさがってしまった。ピアスはアメリカに行ったついでにあけてもらい、

「日本であけた穴と、本場であけた私の穴とは、穴が違う」

と口には出さないけれど、心の中で自慢していた。ブラジャーもいっときは胸がきれいに見えるというフランス製を買ったりもした。あれもこれもと試してみて、

「やっぱりこれが、肩紐《かたひも》もずり落ちないし、胸のラインもいちばんきれいに見える」

と自己満足していた。ところが今はブラジャーは通販で買っている。冬場はほとんどしないので、夏場だけのために仕方なく買っているといってもいい。体にぴったり合っても合わなくても、乳さえ覆えればよく、何だかどうでもよくなってきたからである。「物欲の時代」から「枯れの時代」へと移行しているに違いないと、ちょっとうれしくなったりもした。

すでに関心がなくなった物が多いなかで、未だに執着があるのは絵ハガキだ。私も酒井さんと同じように、絵ハガキが大好きで、目につくと二枚買ってしまう。自分用と投函《とうかん》用なのだが、そこで私はこれまた酒井さんと同じように、相手によって出すハガキを選んでしまうのである。相手の立場とハガキの図柄を相対的に考えて、

「あの人には、このかわいいハガキはもったいない」

と判断する。酒井さんが書いているように、

「自分が気に入った物は他人にあげたくない醜い心」があったのだ。

物があるのも、実は捨てないだけで、私は他の女性に比べて、欲望は少ないタイプの女だと思っていた。

「いざとなったら、ネコ以外、全部、手放したって、かまわないわよ」

とも思っていた。しかし実は絵ハガキ一枚、他人に出したくないほど、強欲な女だ

った。

それはエルメスのバーキンを人にあげたくないことよりももっと、強欲のような気がする。現在の室内の状況も、さもありなんという感じである。家が片づかないのもすべて私の根本的な強欲さにあった……。

「うーむ、まだ私は枯れていなかったというわけか」

これはこの本を読んで、発覚したことなのであるが、女という性別としては、うれしいような悲しいような、複雑な思いがしているのである。

理想の人

　ふだんは全く認識していないが、ふと自分の年齢を思い出すと、

「ひえーっ」

　とびっくりすることがある。今年、四十三歳になるなんて、我ながら信じられないが、これは嘘《うそ》でも何でもなく、現実なのである。ごくごく一般的な生活をしていたら、とっくに結婚し、子供をもうけ、なかにはおばあちゃんになっている人もいるかもしれない。しかし、私は未だに一人でぶらぶらとのんきに暮らしているのだ。

　女性の一般的な呼び名はいろいろとある。おばあさん、お母さん、奥さん、おばさん、お姉さん。最近は、どんな立場であっても、当人の名前を呼ぶべきだという人もあるようだが、まあ、簡単なひとくくりとして、そういうグループわけがされているのである。私はおばあさんでもないし、もちろん、お母さん、奥さんでもない。できればお姉さんといわれたいが、それも無理がある。

「あんたは、おばさんじゃないか」

といわれたら、

「そうです」

と答えるしかないのだが、私にはおばさんという自覚がない。まだ若いと思っているというのではなく、自分はおばさんよりも、おやじに近いのではないかと思っているからなのだ。

先日、六歳下の友だちと話をした。私も彼女も独身で、つきあっている男性もおらず、見事に周辺がすっぱりとしている。私たちは長女であるのだが、親との関わり合いを話しているうちに、

「最近、親が自分を頼るようになった」

ということで意見が一致した。私は母親だけであるが、彼女のご両親は健在である。それでも何かというと頼ってくるというのである。

「そうなのよ。いつからかはわからないんだけど、気がつくと親と子の立場が逆転しているのよね」

私もうなずいた。

親からあれが欲しい、これが欲しいとねだられる。

「いい加減にしなさいよ」

といっても、

「お願い、買って……」

と訴える目つきをされると、

「仕方ないなあ」

とつぶやきながら、財布を開けることになる。そして、

「大事に使えよ」

などといったりするのだ。

友だちが帰省したとき、ご両親が旅行先のホテルのことで揉《も》めていた。お母さんが泊まりたいといっているホテルの料金が高く、お父さんが、

「贅沢《ぜいたく》だ」

といい出して、口喧嘩《くちげんか》になった。それを見ていた彼女が、

「もう、わかった。私がお金を出すから、そこのホテルに泊まったらいいじゃない」

といったらば、ご両親はとても喜び、念願のホテルに泊まることができたというのである。

「こんなとき、自分がおやじになった気がしませんか」

彼女がいった。私は大きくうなずいた。何か揉め事が起きると、

「よっしゃ、わかった。これで何とかせい」

とお金で解決できることはお金を渡して解決し、

「困ったわ」

と相談されれば、

「だから、こうすればいいんだよ」

と指示する。特にうちの場合は、父親がいないので、私は母親の夫がわりである。家の中の揉め事がおさまると、ほっとしつつも、

「これでいいんだろうか」

と我が身を振り返って、ちょっと心配になるのも事実であった。

「長女が働いていて、小金を持った中年になると、おやじになっちゃうんですよね。私なんか、実家に帰ると、『おい、としお』なんて呼ばれるんです」

友だちは呼び名まで変えられていた。

「何も名前までそんなふうにしなくてもいいと思うんですけど」

彼女はむっとしていた。

最近は仕事も恋愛もばりばりとやって、結婚もして子供もいるという女性が、憧《あこが》れ

られているようであるが、それに比べたら、私たちなどつつましいものである。人様に自慢できるような、華やかな恋愛経験はないが、仕事だけはそれなりに一生懸命やってきた。何とか自分を食べさせられるようになり、親が欲しいという物は、買ってやったり、小遣いも渡せるようになった。ところがふと気がつくと中年になっていて、性別は女だというのに「おやじ」。これではあんまりではないか。しかしそれを打破するには、いったいどうしたらいいのやら、皆目見当もつかない。見かけからといっても、女っぽい格好は好きじゃないし、似合わない。おやじ化した娘はいったいどうしたらいいのか、途方にくれるばかりなのである。

田辺聖子さんの『夢渦巻』の主人公の女性たちは、基本的に気持ちが落ち着いた人たちばかりである。万年発情期のような若い娘っこと違って、浮わついておらず、男性を見る目もちょっと醒《さ》めている。たたずまいが見苦しくない。そこが私にはとても気分がよかった。だいたい、女性というものはラブストーリーの主人公になりたいらしく、

「ああっ、燃え上がるような、身をこがすような恋愛をしたい！」

などというが、そういう言葉を聞くたびに、

（何をいっとるんじゃ、お前は）

といいたくなる。しかしこの本の女性たちは違う。男性に好かれるために必死になり、相手にすべてを合わせようとして滅私奉公状態になったり、自分の思い通りに男性を操ろうとしたりするわけでもない。すべてにおいて、淡々としている。これがとてもいいのである。

「夢笛」の上野まりもは、年末年始を独身の女が一人で過ごすのはつまんないというので、ただの男友だちに電話をして、二人は年末年始を過ごす。彼もまりももお互いに対していいたいことをいう。以前まりもは過去の恋愛を思いだして、カラオケの途中で涙が噴きだし、彼に「四十洟水《ばな》・五十よだれ」を見られてしまっている。おまけに彼は事あるごとに、

「せえへんデ」

を繰り返し、

「第一、男は年上の女なんか、キライじゃっ」

といい放つ。理由をきくと、

「体がシワ寄っとるんじゃっ」

という。心にはしわは寄ってないというと、

「心なんか要らんわい、男は」

といい返す始末である。これでは色気も何もあったもんではないが、二人の中には愛情が芽生えているのである。

「夢吟醸」では男性が酔っぱらい、主人公が彼を介抱するためにホテルに行って、同じ部屋に宿泊しても何も起こらない。「夢渦巻」の美佐子は自分の夫が友人に恋心を抱き、もしかして浮気をしているのではないかと感づいても、彼女は冷静だ。ヒステリックにもならず、落ち着いている。その精神の落ち着き具合は、どの短編の女性の主人公にも共通しているし、「夢すみれ」の主人公の六十五歳の男性は、「宇宙の意志」をモットーに生きている。つまり、

「まあ、じたばたしても仕方ないわな」

という感じで毎日を送っているのである。そして彼は近所のヘルスセンターで、「シワクチャガールズ」という芸達者なおばあさんたちと出会い、いっとき、小さな喜びの日々を送るのだ。

とにかく、この本の主人公たちは、自分の生活、そばにある小さな幸せを大事にしようと生きている人たちばかりである。そこには身をこがすような大恋愛はないし、ハンサムな男性も出てこないし、豪勢な食事も外車もブランド品も、大げさなプレゼントも出てこない。つまり、若い娘っこが望むようなシチュエーションは何ひとつな

い。これがまたいいのである。

おやじ化した私が、いいなと思うのは、このような恋愛である。これこそ分別のある大人といえるのではないだろうか。愛情の深さを、与えられた物品の金銭的な価値で計ろうとする輩《やから》が多い中で、この本の登場人物の何とすっきりしていることか。女であることを売り物にせず、ボーイッシュな格好をしているものだから、男性に間違えられる女性もいる。だけどみんな料理が上手で、食べることが好きだ。

「うーん、ここが違うんだよなあ」

読んでいるうちに、この本が恋愛の教科書と化してしまった私は、何度もつぶやいた。若いころは嫌いだった料理も、最近では好きになって、こまめに作ってはいるが、まだまだへたくそだからだ。料理が上手で自分を大切にし、同じように相手を思いやる。そして決して派手ではないが、品が漂っている。

おやじ化している私にとって、賢くて明るい彼女たちは理想の人である。結婚していても独身でいても、このような女性でありたいものだ。そのうえで、心が温かい男性と恋愛ができたら、最高ではないか。私は本を読んで、うっとりなどしない質《たち》なのだが、この本は違った。何だかほのぼのしていて、読んだあとに心がほんわかとしてきた。

私はおやじ化はしているが、精神的に大人かというと、そうではないような気がしている。まだまだお尻が青いおやじである。その蒙古斑《もうこはん》が早くなくなるように、この本の女性たちを見習い、魅力的な女性になりたいものだと、本気で考えたのだった。

痛みと安らぎ

先日、高校を中退し、家を出ている女の子の生活を追っているテレビを見た。アパートを借り、時折、携帯電話で両親と連絡をとっているので、全く没交渉というわけではない。両親は生活費を彼女に送金してやっている。それに対して彼女は、「両親のおかげで生活ができるのは感謝している。だけど両親とは一緒に暮らせない」というのだ。実家に電話をすると、最後は大喧嘩《おおげんか》だ。

「お父さんもお母さんも、私がいい子になることしか、望んでいなかったじゃないか」

と怒鳴り、大泣きしてしまうのである。

彼女は自分のことを冷静に考えていて、適当に暮らしていけばいいとは思っていない。その点ではまじめな子だ。一緒に暮らしたくないという両親は、いったいどういう人々なのかと思って見ていたら、穏やかでいい人たちなのだ。

「あの子はこういうおもちゃが好きで……」

といいながら、物置に全部取ってある彼女が子供のときに使った品々を見せる。父親も家族のためにまじめに働いている。娘に対しても、強引に連れ戻すのではなく、お互いに冷却期間を置いたほうがいいという。

私はうなってしまった。娘にすれば、「穏やかでいい人」という存在が、世の中に迎合しているようで、とても腹が立つのだろうが、親にしてみたら、「これ以上、何を望むのだ」といいたくなるだろう。外から見たら、幸せに見える家庭でも、その中には深刻な問題をはらんでいる。それを表沙汰《おもてざた》にするか、それとも世間体を気にして、よい家庭を演じ続けるか、今の時代はさまざまな親子、夫婦のありかたをはらんでいるのだ。

近藤ようこさんの『アネモネ駅』を読んで、私は胸がつかれる思いがした。登場人物は誰もがその人の身になれば、納得できるような行動をしている。子供が、「お母さんに似ていない」といい放つ。姑《しゅうとめ》が嫁に貸した褪紅色《たいこうしょく》の着物の匂《にお》いをかぎ、浮気を見つけてなじる。他人の感情に無関心のように見える若者も、口には出さないが心のなかにいろいろな思いを秘めている。人にわずらわされ、ずるずると集団行動をするのが嫌いな独身の女性。この本に出てくる人々は、他人のいうなりではなく、みんな「自分はこれ」という考えを持っている、正直な人たちばかりである。

誰だって人と問題は起こしたくない。それが肉親ならなおさらだが、実はいちばん血のつながりがやっかいだ。それでも家族はお互いを思いやり、接点を持とうとする。他人同士であっても、生活した時間が長ければ、肉親と同様の感情がわいてくる。そこをどう折り合いをつけていくかは、永遠のテーマであるような気がする。誰もが経験しうる日常生活の問題。それぞれの話を読んでいる間は物悲しいが、読み終ったあとは、すがすがしい気持ちになれる。自分が不幸だと思うと、人の足をひっぱって、同じように不幸にしてやろうと画策する人が往々にしているが、この本の登場人物の経験した苦しみや悲しみは、最後には人への優しさとして出ている。このような人になれたら、どんなにいいだろう。

人は気持ちに余裕がないとき、妙にとげとげしてしまう。わかっているのに人に意地悪をする。そしてあとで自己嫌悪に襲われる。それは誰しもが経験がある。人というものは自分が人にしたことは簡単に忘れてしまうが、されたことはしつこく覚えている。それが嫌な思いだったらばなおさらだ。自分も人に対して、それ以上に嫌な思いをさせてしまったかもしれないのに。きっと近藤さんの本を読んだ人たちは、そんな自分の行動を思いだして胸が痛くなり、そしてそのあと反省し、そんな気分になった自分のことを、近藤さんが優しく受け止めてくれていると感じる。小さな心の痛みと大きな心の安らぎを与えてもらい、ほっとするのだと思うのである。

「廣津里香」という生き方

優雅な叛逆者《はんぎやく》

一年ほど前、ある古書店に入って棚を眺めていると、探していた本があり、喜んで手にとった。しめしめと思いながら、他の棚を物色していると、どうも気になって仕方がない棚がある。そこはジャンルでいうと詩歌関係になっていて、私は詩歌にはほとんど興味がない。で、そこを立ち去ろうとするのだが、どうも気になって仕方がない。どうしてかと思って、棚の本の背を一冊ずつ眺めていくと、『私は優雅な叛逆者』(創樹社)というタイトルに目がとまった。作者は廣津里香という女性で、私は全く彼女について知らなかった。ページをめくってみると、学生時代の日記のようだ。帯には「短かい生涯を風のように駆け抜けていった女流詩人の遺書的変身ノート」とある。著者の写真が冒頭にあって、そこにはお洒落《しやれ》で垢《あか》抜けた雰囲気が漂う女の人がいた。

私にはあまり関係がないかもと思い、本を棚に戻したのだが、どうもその本が気になる。自分でもわからないのだが、他の棚の本のように無視することができないのだ。

「欲しい本だけではなく、こういうふうにして本を買うから、量が増えてしまうのだ」

と自分を戒めて、会計を済ませようとしたが、やっぱりさっきの本が気になる。もう一度手にとってみて、また棚に戻す。それを何度か繰り返したあげく、私はこの本を買ってきてしまったのだった。

家に戻ってもう一度見てみると、『私は優雅な叛逆者』は彼女の大学院時代の日記で、他にも大学生、高校生時代の日記も出版されていた。日記を書くときの彼女の名前は「ViVi」で、本にも「Note de ViVi」と副題がついている。早速、在庫がある本は注文し、絶版本は古書店で探し、詩集、画集も手に入れることができた。彼女が残した日記から抜粋して編集された『死が美しいなんてだれが言った』(潮文庫)という書名を見たとき、

「ああ、その本の著者だったのか」

と彼女とちょっとだけ接点が持てた。ずいぶん前にこの本が出版されたのは知って

いたが、著者の名前も記憶になく、書名だけで読みたい本だとは思わず、興味も持たなかった。それから十数年以上たって、その本が私の手元にくるというのは、これも何かの縁なのだろう。ただし『死が美しいなんてだれが言った』は日記の内容が相当にはしょってあり、一日分の日記でも割愛されている記述がたくさんある。『死が美しいなんてだれが言った』で高校時代の部分を読み、『蝶への変身』（創樹社）で大学生時代の部分、『私は優雅な叛逆者』で亡くなる前年までと、これでひと通りの流れがわかる。

彼女の年譜は次のようなものである。

一九三八年　本名　廣津啓子。東京都渋谷区富ヶ谷に生まれる。
一九四五年　空襲が激しくなり、親類がいる山形県に疎開。終戦後、渋谷区上原町に戻る。
一九四六年　横浜市鶴見区に転居。
一九四八年　福岡県久留米市に転居。
一九四九年　東京都世田谷区等々力町に転居。
一九五〇年　学芸大学附属中学入学。

一九五一年　金沢市に転居。金沢大学附属中学二年生に編入。作文、絵の才能を教師に認められる。
一九五三年　金沢大学附属高校入学。
一九五六年　高校卒業。貧血に要注意と卒業時に高校から注意がある。
一九五七年　津田塾大学入学。同年中退。
一九五八年　東京芸術大学建築科を希望するが、母親が彼女に内緒で東京大学と学芸大学英文科に願書を出しておく。芸大受験中に気分が悪くなり途中退出。合格した学芸大学に入学。
一九六〇年　東京大学教育学部社会教育科三年に編入。
一九六一年　東京大学新聞研究所合格。社会教育科四年、新聞研究所一年となる。
一九六二年　東京大学教育学部卒業。
一九六三年　新聞研究所卒業。早稲田大学大学院英文学修士課程合格。
一九六四年　フルブライト試験に合格するが、依頼していた教授の推薦状の不備で留学できず。
一九六五年　早大修士課程卒業。早大教育学部の助手の話があったが、募集しないことになり勤務できず。海外留学も実現せずに家にこもって日記、小説類を清書する。
一九六六年　詩作、水彩画を描きはじめるが、油絵に移行する。アパートを借り、部屋を閉めきって、夜、独学で油絵を描きはじめる。
一九六七年　体調が悪くなり、外出もしたがらなくなる。両親が心配をして、空気のよい東京の郊外に家を建てることにする。本人が土地を選んで、建築に取りかかるが、工事が遅れ、新築の家に入居することなく、十二月十二日　再生不良性貧血により逝去。

年譜を見ると、とても成績のよい女の人ということがわかる。それなりの頭のいい女性のイメージというのは浮かぶけれども、本に掲載されている彼女の写真を何枚か見て驚いた。一九三八年生まれではあるが、現代の育ちのよい聡明な女子大生そのものといった、戦前ではなく今の顔立ちをしている女の人だったからだ。一九六〇年代の写真なのに、古臭いといった感じは一切ない。とにかくチャーミングな女性なのである。

「一生懸命、お勉強をしておりますっ」

というガリ勉の雰囲気ではなく、お洒落が大好きできれいなものが好き。動物も好き。だけど日本は大嫌いなのだ。彼女はとにかく日本という国を嫌悪している。たしかに彼女が醸し出す雰囲気からは、日本よりもヨーロッパ的である。高校二年生のとき、彼女は自分についてこのように書いている。

「私の手は美しい。光を通して見ると静脈が青くういて見える。ちょっとピンクがかった青白い細い手だ。髪の毛も美しい。人がそう言うし、私もそう思う。中学の時友達は私の鼻の型と唇を羨《うらや》ましがった。ところが、ああ！　まことに残念なことに全体としてはよくないのだ。よく眺めて見ると長い鑑賞に堪えるものでないことがよく分かる」

長い鑑賞に堪えられないということは、短い鑑賞には堪えられる。つまり、

「おっ」

と人目は引くけれども、じっと見ているとそうでもないということか。思春期の女の子は自分の欠点をこれでもかとあげつらって悩むものだから、彼女も同じように感じたのだろうが、友達がいうように特に彼女は鼻と唇が魅力的だ。それでも密かにその年代の女の子は、ちゃっかり自分のいいところもわかっていて自信を持っている。それをおおっぴらに全部出してしまうか、胸のうちにしまっているかの違いだ。彼女はおおっぴらにそういうことを露出しないタイプだったのだろう。

死ぬのは自由だ

高校、大学入学当時の日記を読んでいると、彼女は人に迎合しないタイプのようだ。多くの友だちからみたら、辛辣《しんらつ》な言動もあったのではないかと思う。

「ただ善良なだけでは、生きてることになりはしない」

「生きてるのはまったくの偶然でなったのだわ。私の意志は拘《かか》わっていない。私が気づいたらこの場所にいたのだ。死ぬのは自由だ。私の自由意志で死ねるのだわ。人間には自分で自分の生を断つ権利ぐらいある。死刑のように他人の生命を断つ権利は誰にもないけれど。私はいつだって思ってる。今自殺しないで、後で死なないでよかったと思う時など来やしないと。断じて来ない。それなのになぜ生きてるのだろう」

若いときはどうしてあんなに死ぬことに憧《あこが》れてしまうのだろう。私も原口統三の「二十歳のエチュード」や、高野悦子の「二十歳の原点」を読んで、死ぬということがとても美しいような錯覚を起こしていたが、若者特有の浄化されるような気分にひたっていたのかもしれないが、彼女が二十九歳という若さで亡くなったのも、望まないでそうなったのか、望んでそうなったのか、実は複雑な気がしてくる。

「私は動物が電気にふれるとビリッとするように、何に対してもビリビリと神経を動かして反応する。出来事、美しい物、汚い物、空気の透明、不透明に至るまで。私は人の行動に無関心。人が何と言おうと平気で、あるいは意地を張って、したい事やその反対の事をどんどんするわ。だけど私は、人が私を傷つけることができるのを知ってるし、また私が人を傷つけることも知っている。それも相当にひどく。私はあまりに感覚的だ。歓喜で飛び上がっていたかと思うとぺっしゃんこに絶望している。その中間に入るべき普通の神経の時などないのだ」

彼女は束縛されるのを何よりも嫌った。進路が決まっていないので、彼女は卒業してから一年考えて決めようとした。受験をしないで東京の予備校に入学しようとした。受験科目が少ないので、いちおう私立を目標にするつもりだったが、父親に「私立など大学ではない」といわれて激怒する。

「行動にちょっとでも制限が加えられると、反射的にもっとはね返って行動するわ。本能的に束縛や制限は我慢ならないのだ」

クラスメートと考え方もちょっと違う。たとえば彼女が撮影した遠足の写真を見て、みんなは顔が小さく写っているのでつまらないという。しかし彼女は風景に人間をあしらったのが好きなので、人間は小さくした。いくら親しくても友だちにも迎合しないのである。高校三年の二学期から彼女は学校に行かなくなり、家で小説を読むようになる。しかし学校に行かないからと親から小説を買うお金をもらえず、受験するのなら三千円あげるといわれて、その話を受けた。

「知ってることが出たら書くだろうって彼らは思っている。決してそんな手にのるもんですか」

「東京の予備校に行くつもりだったのに計画は滅茶苦茶にされた」

私立大学受験の前日、彼女は突然、試験に行くといい、上京したものの入試はすっぽかして帰ってきた。自分たちにも親にしても入試というのは大きな出来事だが、彼女はそれをふんっと爪先《つまさき》でけっとばしてみせたのだ。

「Viviは我儘《わがまま》で強情っぱりで天之邪鬼《あまのじゃく》。Viviは全身傷だらけだけど誰にも見せない。自分でも気づかないように振舞える。決して泣きはしない。理由がなくて泣くのなら分かる。私は泣かない。叫びはするが」

十七歳

一九四五年の四月から転々と住居が変わり、七回も小学校を変わることになり、性格は内向的となり、物を言わない子になってしまった、そして六月以降、住み慣れた東京を離れ、環境も言葉も違う疎開先を転々として、山形県、福岡県など男尊女卑の厳しいところで暮らした。疎開前は誰にでも語りかけ、可愛《かわい》がられ、明るい天真爛漫《らんまん》な性格だったのにと母親は書いている。彼女のような繊細な性格は、落ち可愛《かわい》がられ、明るい天真爛漫《らんまん》な性格は、落ち着かない家とか、戦時下という状況にも、ただ女であるというだけで一段低く見るような環境にも耐えられなかっただろう。しかし子供だった彼女はそれにもじっと我慢し、子供なりのやり方で毎日を過ごすしかなかった。それが内向的になり、物を言わなくなることだった。金沢大学附属高校に通いはじめたときも、体育の女教師にいじめられたりしたが、成績はトップクラスで、友人にも恵まれて楽しい日々を過ごした。

しかし彼女はこのような詩を残している。

アジアの十七歳

アジアの片隅《かたすみ》で十七歳になっても
何の意味もありはせぬ

重っ苦しい一日がまた増してくだけのこと
アジアの過去は拷問、抑圧された人間の歴史

毎日は絞首台への階段
アジアが水を欲すると
必ずどこかで血が流される

血の海に首を紐《ひも》でくくられ
アジアの赤子は泣き叫ぶ
人間のいない地球の表面
手かせ足かせ獣の責め道具は揃《そろ》っている
いずれ息の絶えるその日まで
首に紐を　つけて十七歳
紐はだんだんしまってくる
十七歳――アジアでは死んでることに気づく年
アジアの片隅で女になっても
何の意味もありはせぬ
女たちを閉じ込める数千年にくりこまれるだけのこと

一人の女は西洋の夢、アジアの断末魔
誕生は死刑の宣告
アジアは生を死にかえ続け
　かえ続け、とうと生を根絶した
孔子《こうし》も釈迦《しやか》も女性の牢獄《ろうごく》作りはうまかった
湿った　アジアの息
一吹き一吹き男たちを腐らせた
心に鉄輪くっつけて
アジアの獣はむち跡だらけ
地獄で息がなおできるとは、アジアの教え
十七歳――アジアでは人間の生の呪《のろ》いに
　気づく年

友だちと楽しい毎日を送っていながら、彼女はアジアの日本という国に生きている自分に絶望していた。そして絶望しながら翌年、津田塾大学に合格する。ますます彼女のいろいろな意味での日本嫌いはつのっていく。

「私は誰も愛しやしないから、結婚は決してしない。なぜと言って結婚は自分と異質の要素を私に感じさせすぎるのだ。義務、従属、単調さを。私は気軽に気ままにやっていくのよ。何でも。時に重要に感じることなどなく、私には変化が、自由が、気ままが、必要なのだ」

「私は日本から出て行きたい。どんなにしてでも。お金が欲しい。お金があれば今すぐとんで行けるのに。私は外国人として、その国の習慣が全然関与しない気ままなエトランジェとして外国に暮らすのだ。…（略）…私は風のように動いていく。根を生やすなんて真っ平だ。家庭は絆《きずな》だ。それを切らねば。私はいつも一人で行く。私の行く所が常に私の場所なのだ」

彼女に元気を与えてくれるのは、煙草、コーヒー、抹茶。そして憂鬱《ゆううつ》を吹き飛ばすために、興奮剤も飲むようになる。生きるのは二十八歳までで充分だと彼女は書く。

「私は結婚もしないし、子孫も残さない。碌《ろく》でもない遺伝子を持ってる人に限って子孫を残したがるのよ。愚鈍に見えること！」

死神

私の友達
もう貴方《あなた》なんか救世主じゃない
裏切者の滑稽《こっけい》な友達
貴方と私
一緒になって敗北した
致死量の倍飲んだのに
頼みがいのない友達
貴方と私
これからくっついて一緒になって
生きていく

日本ぎらい

フランス語のVIVREにつながる「Vivi」という名前をつけながらも、彼女の日記は生と死の間をゆらいでいる。大嫌いな日本という社会の中では死んでいるけれども、彼女個人は彼女のなかで生きている。社会と関わりあわなければならなくなるとき、彼女は死にあこがれ、それによって自分は生きていけると感じる。周囲の人と同化しようとはせず、共通点よりも違いを見いだしてしまう。しかし彼女は自分が孤独ではないことを自覚していた。

「もし私が人の注目を魅《ひ》けないように生まれついていたら、わりに引っ込み思案のところもあるし、欲求不満になってたろう。気に入っている子の注意をひけなかったら生きている価値はない」

彼女は年頃の娘らしく、お洒落《しやれ》も大好きだった。

「私、家では黒いスラックスに白い変り織りの毛糸のジャケットにグリーンのコールテンの上着に黒いソックスって恰好《かつこう》。気に入ってるんだ。白のジャケットの折りまげた袖口《そでぐち》がグリーンのコールテンの袖口からのぞいているし、両方とも衿《えり》は小さな折り返しだ。オレンジ色のみかん三つくらい手に持つと、とても色があってきれい。白と黒とグリーンとオレンジ。白の部分はほんのちょっと。髪はうねって少し長く柔らかい。要するに当り前には見えない。パリの実存主義者のスタイルをもっと柔らかくした感じ」

おのずと他人を見る目も厳しくなり、学友たちのファッションに関しても批判する。

それは彼女は口には出さずに、Viviのノートに書き記していた。高校の東京での同窓会に出席して、出席者たちがそれなりにお洒落をしてきちんとしているのを見て満足する。偏差値も高く、お洒落でマナーが身についている人々。

「私は人間の質から言って、階級差を認める。のびのびして若々しい要素が知的な感じのいい落ち着いた態度とまざり合って、日本ではエリートの集まりってことだろう。町を歩いてると変なのが目につくもの。態度も含めて。結局、選んで来なけりゃ集められない。ただそこいらの人をひっぱって来てもだめ」

彼女はすべてにおいて、人の後ろではなく前をいきたいタイプだった。勉強にしてもお洒落にしても、人から注目を浴びていたい人だった。母親が書いていたように、幼いときにあちらこちらを転々とした。移った場所ではそのつど新参者として扱われ、目立つ行動をとると反感をかう。頭のいい彼女はその場その場で衝突を避ける術を身につけ、怒りを自分の中に抑え込むようになった。しかし思春期になると抑えつけていたものが一気に爆発しかける。そのためにViviのノートが作られたのではないだろうか。なれ合い社会の中でいいたいことをいうのは勇気がいる。それで注目を浴びることもあるだろうが、それは彼女の美意識が許さなかった。自分が思う通りに言葉を吐いて、その場の雰囲気をぶちこわすような無粋なことはしない。とにかく彼女には、何をするにも美しくなくてはいけないという美意識があった。相手を攻撃するよりも、自分の身をひいてしまう。しかし攻撃するよりも彼女の怒りは中にこもり、ずっとくすぶり続けていたのだ。

合格した学芸大学も、卒業したら教師になるための学校で、その気が全くない彼女はやり直そうと考える。しかしまた父親の強い反対にあった。彼はかわいい自分の娘に、「良家の子女」として生きてもらいたかったのだろう。社会と闘うというよりも、それまでの日本の典型的な考え方から出ない女性の生き方をしてもらいたかったのだろう。反対されたとき、彼女が沈み、何か考え込んでいる様子に母親は気がついていた。顔色もよくない。友だちがやってくるというのに「起こさないで」というのを叱《しか》り、学校の件に関しては、教養課程を終わるまでよく考えるようにと説得し、何事も起こらずに済んだ。母親は常々娘を見ていて、それがよくないことを引き起こす原因になると直感したのだろう。

日記の中で辛辣《しんらつ》なことを書いていても、父親に強烈に反抗ができない。彼女の一家は仲がよく、外に出たがらない彼女を外出させ、自然の空気に触れさせるために、友人、従兄弟たちとスキーに行くのが恒例になっていた。父親と弟、母親と彼女の誕生日が同じだったので、毎年、都心のレストランで誕生パーティーも開いていた。一九六〇年代はじめに、そのような行事を毎年している家庭がどれだけあっただろうか。彼女は自分がとても大切にされているのをわかっていた。父親は彼女の将来を心配して反対した。それが彼女の希望とは著しくずれていた。彼女は自分が我がままに過ごしているという自覚があったはずだ。平均以上の生活ができるのも、教育が受けられるのも、自分でデザインし外国製の布地でオーダーした、かわいらしい服が着られるのも、みんな両親のおかげだ。ありがたいと思う反面、鬱陶《うっとう》しくもある。早く自分の希望通りに、外国にトランク一つで行きたいと思っても、いったい自分は何をしたいのかわからない。夢はあるが実現させるために、いったい何をしていいのやら見当もつかない。ただ明らかなのは、彼女の日本ぎらいがますます進んでいたことだ。

シタイことしてシタイになる

小説を書こうとすると日本語では絶対に書きたくないと思う。主人公も日本人ではない。日本と日本人に全然関係ないものを、日本語で書く必要はないといいきる。「私は贅沢《ぜいたく》病だそうだ。恵まれすぎててすべてに興味を失ってしまう病気だそうだ。たしかにスカーフとか帽子とかハンドバッグとか特別いいのを貯めこんでいるが、すべての意味で持ちすぎて興味がわかないんじゃない。生きていないから周囲に興味をもてないだけだ。あるいは興味をもてないから生きていないだけだ。私にとっては同じこと」

「私と〝同質〟の人間は日本にはいない。たとえ同質と言ったって、環境の一部だけだ」

友だちに、会社に勤めたり普通の職業はいやだというと、

「ファッションモデルか小説家がいいんじゃない」

といわれたりする。親類の人々と海に行くのにビキニを探すが気にいったのがみつからなかった。夜の食事には、ローンの花模様のドレスを着る。そこで祖母の行動を見て呆《あき》れる。

「夫婦並ばせておけばいいのにわざわざ男達を上座に連れてって、ひき離し、子供は年の順。日本の女、悲しい女、年とっても変らない」

彼女は不安定な精神状態になる。

「ああ私をどうかして、こんな状態から出して！　また気分の谷間。どうしたって二度とこんな気分におちたくないわ」

「たいていの大学生はわりに明るく図太く生活している。彼らは日本人だから。ああ何もかももうたくさんだ！　人間だってもうたくさんだ！」

そう書きながら、そういった状態から抜け出そうとする。

「私は気分の谷間から脱け出す方法をまだ見つけていない。同じ年頃の人達の写真を持つこと」

彼らとは違うとは思いながら、同年配の若者たちの顔に救いを求める。写真に撮られるときに人は笑う。若者だからはしゃいでもいるだろう。そういう顔を見て彼女は救われたのかもしれない。自分は他の人とは違うと思いながら、彼女の嫌いな日本人である彼らに実は甘える。自分勝手ではあるけれど、それはすべて彼女の頭の中で起こっていることで、他人はうかがい知ることはできない。日記はここで十日間、途切れているが、彼女はこの間に何とか自分の精神状態を引き上げようとしていたのだろう。

二十歳を過ぎた彼女はますますお洒落に気合いをいれる。旅行先では昼と夜の服を着替える。スイス製の高価な柔らかいジョーゼットをネグリジェにするために買ったりもする。卒業式のコンパでの服装はピンクのレースのドレスに白いフランス製のバラが浮き彫りに見える布地のコート。その場その場に合わせて、一日に何度も着替える。お洒落をするのが彼女にとっては息抜きになっていたのだろうが、その間にも日本に生まれた時点で自分は死んでいたと絶望する。日本人の顔を見るのさえいやになり、やることなすことに嘔吐《おうと》し、畳や浴衣までを嫌悪し、日本人の性格はうす暗い畳の部屋から来ていると決めつける。そして自分はいつまで日本にいなければいけないのかと悩むことを繰り返している。新聞研究所の合宿で、何になりたいかが話題になり、彼女は、

「何になりたいとか言ってもみんな終局的には死体になるのでしょう。だからシタイことしてシタイになる」

といった。すると酔っぱらってふざけていた人々までが、しーんとなってしまった。

それを見た彼女は、

「やっぱりみんな知能や感受性は平均よりずっと高いらしい」

と思うのだ。

いちばんの友だちは自分であるVivi

彼女には親しい女友だちがいなかったのではないだろうか。学校で仲よくしている友だちはいただろうが、自分の心のうちをさらけ出していたかどうかは疑問だ。彼女の観察はとても残酷でもある。友だちと旅行をしても、何気ないスタイルの中にも魅力的な個性を出せるのに、普通、あるいは野暮とがっかりする。ということは自分の

服装には自信がある。

「ピンクのトランクにとりはずしできる肩紐《ひも》をつけ肩からかけた。ツバの広い帽子にジョーゼットの長袖ブラウス、ブルーのスラックスという恰好《かっこう》で意気揚々とホームを歩いたけど、モダンすぎるだけでちっとも町を歩いておかしいことなんかない。ブラウスとトランクのバンドの色もぴたり」

「今日は別に用もなかったからシマのワンピース。こげ茶や渋いグリーンの縞《しま》で織った模様も入っている。それにローズの木の形の皮製ブローチが童画風で合う。女の子たちは大学のバスストップでもこのワンピースの柄をじろじろ見るけど、ほんとうにいい柄だから見せてやってる。視線をそっちの方にやるとさっと他を見てるふりをするのが面白い。つまり変に地味好きの女の子好みの柄。私はこれをそう解釈して選んだわけじゃないが、ヤボなの着てるくせにジミならシックだと思いこんでるのがいるから。彼女らのは自信がないからの地味好き」

彼女は地味できれいにみえない女の子は嫌いだった。

「かと言って、お茶の水あたりの、似合わないちっとも香りのないかさかさの見かけだけハデな女子学生は魅力ないし、甘さと知性のミックスしたのってなかなかいない」

甘さと知性がミックスされているのは、彼女自身である。彼女のいちばんの女友だちは自分であるViviなのだ。彼女は学校でも女子学生たちの服装やヘアスタイルなどをチェックし、野暮だとか前よりすっきりしているなどと批評している。感じのいい子は褒め、趣味が悪い子には呆れる。

「別に観察しようと思って見たわけではない。芸術家Viviは一目で見ちゃうのだ。人が十年かかって見るところを一分でね」

そんな彼女も虫歯と視力が悪いのがコンプレックスだった。視力が悪くなったのは大学なんかに行ったせいだし、日本のアパートは照明がよくない、騒音防止も考えられていないので、静かな夜に試験勉強をすることになる。自分の視力は日本が奪ったとまで書いている。

「日本てどこもすごく人がいて、日本人はどんどん子供つくって、いいかげんに育てる。女性に対する基本的な礼儀作法も知らないような男をどんどんいいかげんにつくってゆく。就職なんてやっぱりしたくない。就職試験なんか受けたら日本にくみ入れられて殺されてしまう。日本に溶け込むなんて死んでもイヤ」

しかしだんだん彼女も日が経つごとに考えが少し和らいできたのか、絶叫せずに、

「機械的に呼吸して人と一緒に笑うこと」

を身につけるようになった。

彼女は恵まれた環境に育った。経済的にも恵まれている。両親も「頭がいいお子さん」といわれるのにも慣れていて、彼女がなぜ「いいえ」といわないのと聞いたら、「本当のことですもの」というくらいであった。父親とトラブルがあったとしても、両親は弟を含め彼女をとてもかわいがっていた。しかし彼女は日本を嫌い、日本人を嫌っていていつも疎外感を味わっていた。彼女が忌み嫌っている日本から脱出できる手段のフルブライトの留学が彼女自身のせいではなく、教授の推薦文が届かないという単純ミスでだめになってしまう。

「私の嫌いな人、余裕のない人、頭の切れる人のみが有する精神的余裕。日本に欠けてるもの、日本の映画も、TV映画も、三分も見てるとどんな頭脳がつくったのかすぐ分かる。日本人の美は醜、日本人の思想は習慣、日本では言葉は、つみ立て細工のように使われている。お手本があって、見本が充満、同じようにつみ上げると意味のない雰囲気の交換で、彼らは何か理解したと思いこむ。見本にないものは彼らにとって〝存在しないもの〟なのだ」

こう書いている彼女が、海外でどのようなものを見聞きし、それが彼女の人生に影響するか、私は興味がある。ここが私の生きるべき場所と喜ぶか、それともまた新たな絶望があって、外から日本を眺めて日本のよいところを知るか。彼女の日本嫌いもたしかに理解できるけれども、頭のいい若い女性特有のひとりよがりっぽいところもある。外の世界を知って、それが彼女の気持ちに変化があってもなくても、日本にいるだけのときよりもより幅が出てくるだろう。外に出ても何も考えない人も多いが、彼女の場合だったら、どちらにせよ何段階も成長したに違いない。しかし彼女の願いはうち砕かれてしまった。

大学院を卒業した彼女は、アパートを借りて詩を書き、画作をはじめるようになる。人をアパートに招くときも、

「舞台装置は貧弱でも私は貧弱ではない」

と思う。部屋が貧弱だと自分まで貧弱になったみたいに思う人が多いが、彼女はそうではないというか、貧弱ではないと思わないと、不満だらけのアパートに住めなかったのだ。森茉莉《まり》が古ぼけたアパートがお城というのに比べて、彼女はまだ何も経験していない。私のかつての知り合いにも、彼女のようなタイプがいた。日本と日本人が嫌いで、ヨーロッパが好きで、とても頭がよくてお洒落《しやれ》な人だった。そしてプライドが高く他人にとても厳しい人だった。しかし彼女はいつも何かにいらいらしていて幸せそうではなかった。デリケートだったのだろうけれども、ちょっとのことで泣き、興奮し、そして倒れた。彼女が嫌う、服装の趣味が悪くて太った町内のおばさんのほ

うが、よっぽど明るくて出会った人を幸せな気分にさせていた。この人はきっと、このままずっといらいらしながら、一生を終えるのだろうなと思った覚えがある。

ただ死なせて！

社会に出ることなく、「廣津里香」となった彼女は、詩作、画作に専念する。友だちと会い、相変わらずお洒落をし、友だちと楽しく会っているようにみえる。が、彼女の日記にはこう書いてある。

「今年中に私を死なせて！　新しい服もヨーロッパの素敵な男の子も私の小説や詩の出版も何も望まない。ただ私に私の肉体の死。私の心の死、私の顔の死をあたえて下さい。完全にこの世から消して欲しいの。私はそれ以外何も望まない。お願いだから私の望みを聞きとどけて。どんな死でもいい、ただ心ばかりじゃなく身体もこの世から消えること、すべての死を。どんな形でもいい。自殺でも病死でも、ただ死なせて！」

当時描いていた絵は、「画帖　黒いミサ」「画帖　不在証明」で見ることができるが、「黒いミサ」に収録されている絵を見ると、とても恐ろしい気分になる。ショッキングな題材が選ばれているわけではないのだが、ひとつひとつの絵から、びりびりと攻撃的な神経の尖《とが》りが感じられて、とても怖くなってくる。ピエロの絵を描いていても、そのピエロは楽しそうではなく、哄笑《こうしょう》を浮かべているように見える。人を幸せな気持ちにしようとしているのではなく、冷たく笑っているように見える。暗い色調でも明るい気持ちになる絵はある。しかし彼女の絵は明るい色調であるのにもかかわらず、ほのぼのとした感じはない。強く、鋭い刃物のような絵だ。「不在証明」のほうには、明るい感じの絵もあるけれども、その差が激しく、彼女の浮き沈みの激しい精神状態を表しているかのようで悲しい気持ちになる。

彼女が亡くなった原因は、油絵を制作するときに使う薬品での中毒ではないかといわれている。運ばれた救急病院での処置の仕方も問題があったという。両親や周囲の人々は想像もしなかった早い死に衝撃を受けたことだろう。しかし本人の彼女は本能的にそういう運命を知っていたような気がする。彼女はいつも死を意識していたかった。これは私の想像にすぎないが、アパートの窓やカーテンを閉めきり、空気の悪いところで画作をしていたら、最終的にどんな状態になるかは、頭のいい彼女だったら簡単に想像できたはずだが、結局、彼女はそのまま画作を続けた。これではいけないという気持ちと、これでいいのだという、普通ではない精神状態に酔っていたかもしれない。気分をまぎらわすために、鎮痛剤を飲んでいる様子も日記に書いてある。薬品が彼女の神経をほぐしながら、そのかわりに体を侵していったのだ。

現代のひきこもりではないけれども、彼女は自分の繭《まゆ》の中に入りこんでいき、最終的にそこがとても気持ちがいい場所になってしまった。母親が悔やまれているように、空気のいい一軒家で一室をアトリエに使い、自然のなかで詩作、画作ができたら、彼女の健康に関してはよかったかもしれない。彼女もそれを望んでいたという。体調が悪くなったので、彼女も一時油絵を描くのはやめにして、両親と同居するようになっていた。このとき彼女は死なせてといいながらも、生きる気持ちでいたのだ。しかし家の完成を見ることなく、彼女は亡くなってしまった。また不幸にも彼女をタイミングの悪さが襲ったのである。

亡くなる一年前、彼女は日記にこう書いている。

「私はViviのなぐり書きをきちんと書いて来た。もはや十六、七の時とは違い、決して私を生には導びかないこのノートを。…（略）…今日の祝福を構成しているのは、明日の否定と今日への呪《のろ》い。そしてこの地獄には、私以外の何もない。私が否定した私と仮装した私。この異色のハーモニーは、もっと強烈な音色を奏でることもできたろう。来春はもうすぐだ。Viviは死んだ。私は生きてはならない。Viviを殺した時私も死ぬ。私は行為者で、Viviは観客だった。真の私を知っている、唯一の価値ある観客だったが、この対峙《たいじ》も終わるのだ」

日本にいると、

「私のユニーク性は私にとって一つの地獄をつくり上げてる」

と書いた里香。ピンクのツーピースに共のジレー、そしてピンクのストールにローズのハンドバッグという姿で登校していた里香。たしかに二十九歳という年齢は、亡くなるにしては若すぎる。もっと生があったのなら、年を重ねてもとてもお洒落な魅力的な、私がそのセンスをお手本にしたくなるような年上の女性になっていたことだろう。私は運命論者かもしれないが、若くして亡くなっても、長命であっても、それはその人なのである。人が寿命を迎えるのは悲しいことだ。周囲の人が悲しみ、そして本人も悔やんでいるかもしれないが、その寿命が「その人」なのである。古書店で偶然に手にとった彼女の本だったが、女性の生き方やお洒落、そして何をして生きるのかなど、さまざまなことを考えさせられた。たしかに生きている間には数々の絶望がある。すべてがうまくいかなくて、投げやりになるときもある。

「もう、いいや」

といいたくなるときもある。しかしそのなかで何か楽しいことを見つけて、悪くいえば自分をうまく騙《だま》してみんな生きているのではないだろうか。自分に絶対に嘘《うそ》がつきたくないからと、それをまじめにつきつめていったら、もう抜け穴はなくなってしまう。頭がよすぎる彼女は、もっと生きていたとしても、世の中が少しずつ変わっていったとしても、辛い思いをし続けたのではないだろうか。若いときの辛さは体力で我慢できるけれども、年をとるとその辛さに体力的に耐えられなくなってくる。デリケートな彼女にそれがふさわしかったのかどうか。そう考えると、華やかで美しいまで終わった二十九年間の彼女の人生は、それなりに幸せだったのではないかと思うのである。

新年

一九九八年の正月は、私が四十代に突入して、四度目に迎えた正月である。三十代のころは正月が来ると、

「またひとつ年をとるのか」

とがっかりした。一年はとても早い。本当にあっという間に過ぎていくのだ。

ところが四十歳を過ぎてから、そんな気持ちはだんだん薄れていった。それよりも、

「無事に新年を迎えられてよかった」

と思うようになったのである。世の中ではこれまで想像もしなかった事件が起こる。一寸先は闇《やみ》といった世の中で、新年を迎えられるなんて、喜ぶべきことではないかと考えるようになったのだ。

この話を同い年の友達にしたら、

「それって、年をとった証拠じゃない。うちのばあさんも、正月が来るたびに『あり

がたい』って、太陽を拝んでたわよ」

と笑われた。そういえばその感覚は、ほとんどお年寄りに近いものなのかもしれない。

三十代、とくに後半はやたらとうろたえていたような気がする。二十代の後半にうろたえたときは、自分の仕事のこと、将来のことが心配になったが、三十代後半は体調の変化にうろたえた。徹夜はできなくなる、目は疲れる。白髪、しみ、しわの恐るべき三つの「し」も出てきた。夏がこんなにも暑く、冬がこんなに寒いなんて、今まで気が付かなかった。とにかく、

「こんなはずではなかったのに」

といいたくなることが山になって押し寄せてきたのだ。

それを、

「年をとったら、こんなもんだ」

と若いときとは違ってきた体をだましだまし、あるときは自分を励ましつつ過ごしてきた。最初のころは嫌でたまらなかった白髪、しみ、しわも、

「まあ、顔のアクセントで、それなりにいいじゃないか」

と思えるようになった。無理に隠そうとしたり、人の目を気にして神経質になりす

ぎるよりも、おおらかに過ごしたほうが自分でも楽になってきたのである。

四十三歳で独身、不本意ながら自分は住まないのに親のために家を建てたものだから、ローンはたんまり。税金はどっさり取られて、何のために働いているのかわからないが、とりあえず新年が来ると私は、

「無事に迎えられて、よかった、よかった」

とおめでたく能天気に喜ぶことにしているのだ。

フリーマーケット

以前、仕事でフリーマーケットに出店したことがある。仕事といっても不要品がなくなるチャンスでもあり、私は張り切っていた。ところがいざやってみたら、あまりにすさまじい客ばっかりで、うんざりしてしまった。出店する地区選びをミスしたのかもしれないが、とにかくその場は殺気だっていたのである。

まず群がってきたのは、仕入れにきた業者。その次に姿を現したのは、フリーマーケット慣れしている客だった。

「どうせあんたたちは、いらない物を売っているんだから」

と高飛車な態度の客はすべて女性なのである。

二度着用しただけの、定価が三万円のブラウスをクリーニングに出し、三百円の値段をつけていたところ、

「ちょっと、高いわよ。百円にしなさいよ」

と百円玉をぐいぐいと押しつけてきたおばさんがいた。また、

「これをおまけにちょうだい」

と買った物より高い売り物をくれといって、しつこくねばる若妻もいた。彼女らは、商談が成立すると、ぱっと顔が明るくなり、帰り際、私にむかって、

「あんた、慣れてないね」

といって去っていった。このときほど、私は世間知らずだったと感じたことはない。物を売る仕事をしている人は、どんなに大変か、苦労がしのばれた。恥も外聞もなく、そういうことを平気でしてしまう人は、毎日の生活が不毛で満たされないので、人を見下し、そして安く物を買うしか楽しみがないのだろうと、気を取り直そうとした。

そこへやってきたのが、八十歳近い老夫婦であった。

ばあさんはしゃがみこんで、きちんと並べてある商品をむんずとつかみ、見たあとは放り投げる。気に入った物をどんどん抱え込んで、他の客に取られまいとする。そして十何枚か選んだシャツやブラウスを抱えたまま、よっこらしょと立ち上がり、ひとつひとつ点検して、三百円の物を、

「三十円になんないの」

という。あまりの値切りに驚いていると、じいさんが、

「そうだ、まけろ、まけろ」

と合いの手のように口をはさんでくる。そしてこちらが、うんというまで、ずーっと二人で、

「まけろ、まけろ」

といい続けるのだった。

きっとこの夫婦は、ドケチという共通点で長い結婚生活を送ってきたに違いない。他人は迷惑だが、二人にしたら価値観が同じだから、こんなに幸せなことはないだろう。

「こういう類の幸せもあるのね」

私は彼らのいい値で商品を売って、このドケチ夫婦を追い払った。そしてフリーマーケットは人生を教えてくれると思いつつも、二度とやるまいと、固く心に決めたのであった。

雪の日

私は雪が降ると楽しくてしょうがない。雨が降るよりもはるかに胸が騒ぐ。しかし先日のように、東京に大雪が降ると、交通はマヒするし、転んでけがをする人もたくさん出てくる。それを考えると無邪気に喜んでばかりはいられないのだが、私は雪が降ると外を歩きたくて仕方がなくなる質《たち》なのだ。

外に出ると雪の日も女子高校生たちは、ふだんと全く変わらない格好をしている。短いスカートに生足にルーズソックス。底のつるつるした靴で、ひょこひょこ歩いているのを見ると、見ているこちらのほうが心配になってくる。おまけに両手はジャケットのポケットに突っ込んだままなのだ。

足をすべらせてスカートがまくれないか、お尻《しり》を打たないか、はらはらする。しかし彼女たちが、あぶなっかしい足取りながら、転んだのを見たことがない。

「やだー、すべるう」

といいながら、あやういところで踏みとどまり、絶対に転ばないのである。

一方、それをじーっと横目で観察している私のほうは、ふだんはあれこれ着る物に文句をいうくせに、雪が降るとファッションなんぞ関係なし。完全武装である。とにかく暖かいのが第一。コートは海外通販で買った、寒い時期専用の物。厚着をすると動きにくいので、コートの下は薄手の長袖《ながそで》の物を何枚も重ねる。靴もスキーに行くときに履くすべりどめががっちりついているものを履く。手袋、帽子も必需品。とにかく顔面以外、おおうところがないくらい、完璧《かんぺき》に雪対策を考えているのである。それなのに気がつかずに、うっかりマンホールの蓋《ふた》の上に足をのせてしまうと、つるっとすべりそうになる。必死でふみとどまるものの、そのあと必ず、

「あぶなかった……」

とつぶやく。コートの下には脂汗が流れるのだ。

こんな私を後目《しりめ》に、足をむき出した女子高校生たちは、きゃあきゃあいいながら、マンホールの蓋の上もずんずん歩いていく。雪用のすべりどめがついている靴を履いた私が、こんなことになり、ローファーを履いた彼女たちがなぜ平気なのか。すべては若者の反射神経のよさのせいなのだろうか。なかにはにぶい子もいるとは思うのだが、短いスカートをひるがえして転んだ女子高校生を目撃したことはない。私はいつ

も雪の日に外を歩くたびに、首をかしげているのだ。

女の冬

冬場にデパートなどに入ると、女性用のトイレの中に落とし物を見つけることが多くなる。それは使い捨てカイロである。

子供のとき、何度かカイロを使わされた覚えがかすかにある。銀色のひらべったい物で、蓋《ふた》を開けるとフエルト状の物が詰めてあり、たしかクジャクの透かし柄があったように思う。

あるとき母親が、当時、幼稚園に行くか行かないかといった年齢の弟に、カイロを入れてやったところ、今でいえば低温やけどになってしまったことがある。いちおう気をつけていたらしいのであるが、忙しさにかまけ、ふと気がついて弟の体を調べたときに、肌が赤くなっていたのである。母親はあたふたと大慌てをしながら、

「あんたは少しでも熱いと騒ぐけど、あの子は我慢強いから、じっと我慢し続けてやけどになった」

などといった。私は、

「熱いんだったら、さっさといえばいいのに、間抜けな奴だ」

と弟を横目で見ていたのだが、それ以来、うちでカイロは見なくなったような気がするのである。

もちろん私が若いときには、使い捨てカイロなんてなかったし、あったとしても目に入らなかった。冬でも薄着でも平気だったし、寒いと震えた記憶もない。カイロで体を温めるという感覚が、私のなかにはなかったのである。

ところが四十歳を過ぎてから、時折、体が冷えるようになり、靴下を重ね履きしたりしてみたが、もこもこするだけでどうも具合が悪い。どうしたものかと思っていたところ、友だちが、

「使い捨てカイロがいいわよ」

と教えてくれたのである。

早速、買ってきて、揉《も》み揉みして当ててみた。ごく普通の物を、コーデュロイのパンツのウエストの部分に挟んで使っているのだが、ほかほかしてとても具合がいい。ときどきはずして、足の裏にあてがったり、寒い日の必需品になってしまったのだ。

きっと落とし物をしてしまった女性は、あまりの快適さに、カイロを当てているの

を忘れ、あっと思った瞬間に、落としてしまったのだろう。厳しい冬を感じる物はたくさんあるだろうが、私の場合は、トイレの個室のドアを開け、カイロが落ちているのを見て、

「ああ、女の冬、まっただなか」

と感慨にふけるのである。

体内映像

　テレビを見ていると、健康に関する番組が多い。なんでも、奥様向けの情報番組で「この食品がいい」と特集を組むと、スーパーマーケットでその食品が無くなったりすることもあるようだ。友だちが目撃した話では、その番組でオリーブオイルの効能を放送した夕方、近所のスーパーマーケットに行ったら、オリーブオイルが影も形もなかった。そして相当に高齢と思われるおばあさんが、残りの一本を手に、じーっと眺めていたというのであった。

「きっと、生まれてはじめてオリーブオイルを手にしたんじゃないかと思うわ。いくら体にいいからっていったって、急にオリーブオイルを使った料理を食べたら、人によってはお腹をこわすんじゃないかしら」

　と彼女はいっていた。

　誰でも病気になりたくないし、ずっと健康でいたい。私もどちらかというと気をつけているほうだと思う。健康関係の本を読むと、甘い物は控えたほうがいいと書いてある。しかしわかっていても、むしょうにチョコレートが食べたくなる。そして結局は誘惑に負けて食べてしまう。それで多少、体に差し障りがあっても、また別の食べ物などでバランスをとり、うまくやっていくしかないじゃないかと考えている。

健康関係の番組の中では、このような食事を続けていると、このようになりますと、ものすごくリアルな映像が流されることがある。脳、血管の中、そして体内で動く胃の中まで、テレビの画面で見ることができる。以前はただ漠然とした想像しかできなかったのに、

「こうなります！」

という恐ろしい結果が映し出されるようになった。そんな映像を見ると、本当にびびる。血管や胃の中があんなふうになったらどうしようと、ほとんどの人が思うだろう。このみんなみえてしまう現状が、健康志向に拍車をかけているのではないかと思うのだ。

医学の進歩で今まで知りえなかったことが、わかるようになるのは喜ばしい。しかしあまりに知りすぎるのもどうかと思う。わかっていながら、酒を飲んだり、甘い物を食べてしまうのも、人間らしくていいんじゃないだろうか。たしかに説得力はすご

いけれど、私は体内映像が映し出されるたびに、ありがた迷惑という言葉が、頭の中に浮かんでしまうのである。

犬、治療中

私は一日に一度、散歩をしないと気がすまない。座ってする仕事なので、なるべく運動不足を解消しようと、物書きになってからこの習慣ができた。散歩といっても買い物を兼ねて、路地をぶらぶらと歩くだけなのだが、晴れていればもちろんのこと、雨が降っても雪が降ってもそれなりに発見があって、とても楽しいのだ。

路地を歩いていると、のら猫や飼い猫に出会う。顔見知りの猫に声をかけると、

「にゃあ」

と返事をしてくれたりして、心がなごむのである。

散歩道の途中に、邸宅が並んでいる地区があり、そこでは大きな門扉の向こう側に、犬を飼っている家が多い。それもほとんどがラブラドール・レトリバーなのだ。

そのうちの一軒の前を通ったら、張り紙がしてあり、

「犬が治療中なので、お菓子はやらないで下さい」

と書いてあった。犬を見ると、たしかにどでーんと寝てはいるが、それほど具合が悪いようにはみえなかった。

そして一週間くらいして、またその地区を通ると、外から犬の姿が見える家のほとんどに、「犬、治療中」あるいは「この犬は病気です」という紙が貼《は》ってあるのだ。

「突然、このあたりで、犬の伝染病でもはやりはじめたんだろうか」

と心配になったのだが、しばらく歩いて、

「病気なのでお菓子はやらないで」

と書いてあるのを見て、なるほどと納得した。きっと歩いている人々が、犬の姿を見てつい餌《えさ》をやってしまうのだろう。お菓子を喜んで食べるのを見たりすると、二度、三度と与えてしまうのではないだろうか。それを予防するために、「犬は病気」になってしまったわけなのだ。

ああいうふうに書かれると、疑いながらも、もしかしたら本当に具合が悪いのかもと思うだろう。犬としては見知らぬ人からお菓子をもらうのは、とてもうれしいことなのかもしれないが、飼い主がそうするのは当然のことである。

「大変だね、きみたちも」

そう声をかけると、本当に体の具合が悪いのか、それともこのごろはいただき物がなくなって、がっかりしているのかわからないが、門扉の向こうの犬たちは、みんなちょっと面白くなさそうな顔をして、けだるくこちらを見ながら尻尾《しっぽ》を振っていたのであった。

車の運転

私は運転免許を持っていない。ほとんどの人は学生時代に取ってしまうのだろうが、当時は車が必要だと思っていなかった。もともと車が好きではないので、免許を取るなどという考えは全くなかったのであった。

ところが最近、免許はあったほうがいいかなと考えている。これから年をとっていくにつれ、もしかしたら必需品になるのではとすら思うようになったからだ。

たとえば出先で買い物をすると、荷物が多くなるときがある。私の場合はほとんどが本なのだが、そんなときに、

「ああ、車があったらなあ」

とため息をつく。もちろんタクシーは走ってはいるが、うまくつかまらずに町なかをタクシーを求めてさまよい歩くこともある。重い荷物を持ち運ぶとなると、欲しい本も、次の機会にとあきらめざるをえない。こんなとき、自分の車があったらどれだ

け楽かわからない。

知り合いには五十歳を過ぎて免許を取った男性たちがいる。彼らに免許の話を聞こうとすると、話が途切れることはない。苦労して取ったので、その喜びはたとえようもないらしく、目が輝いている。

「運転はいいですよ。ぜひ取りなさい。私なんか週末、必ずドライブに行ってます」

と勧められた。

「家には居場所がありませんからね。でも車の中は僕だけの個室だから」

そういう考え方もあったのかと私はうなずいた。

もう一人は、無事に免許を取っても、最初は右折をするのがとても怖かったという。駐車をするにも、スペースがあるときは問題ないのだが、二台の車の間に駐車するとなると、舞い上がってしまうといっていた。

免許を取った直後、彼は近所のスーパーマーケットに行こうと試みた。彼がまずやったのは、徒歩でその店まで行き、駐車場が空いているかを確認することだった。そして右折は怖いので、左折ばかりを繰り返し、ものすごく大回りをして店まで行ったというのである。

この話は笑い話として伝えられているのだが、もしも免許を取ったら、私もそういうことをやりかねない。最近は年配の人も車を運転しているし、それを見ると自分もしてみたくなる。しかし適性や事故を起こしたらなどと考えはじめると、便利だからという気持ちはしゅーっとしぼんでいってしまい、いまひとつ教習所の門を叩《たた》くまでには至っていないのである。

海苔

コンビニで売っているおにぎりには、いろいろな種類がある。具も梅干し、おかか、鮭《さけ》といったオーソドックスな物から、えっとびっくりするような物までさまざまだ。海苔《のり》おにぎりの海苔も、ぱりぱりと直巻《じかま》きのしっとりの二種類が用意されている。海苔の食感に関しては、絶対に譲れないという人もいるらしいので、メーカーも包装を引き抜くタイプ、封を開けて海苔を包むタイプなど、工夫をこらしているようである。

私は海苔はぱりぱりでもしっとりでもどっちでもいい。ぱりぱりのほうは作りたてという感じがするし、しっとりのほうは、昔ながらのお弁当に持っていったおにぎりという感じがする。散歩の途中で買ったり、ちょっと遠くの図書館の帰りなど、目についたコンビニで買うので、その店に置いてある物から選ぶことにしているのだ。

つい先日、午後三時ごろにコンビニに寄ったら、一種類のおにぎりしか残っていなかった。具は鮭で、海苔はぱりぱりタイプである。鮭ならいいと思って買って帰り、仕事をしながら封を開けて、かぶりついた。もぐもぐとやって飲み込むと、唇に何かがくっついている気配がする。触ってみると海苔らしいので、私はそのままぺろっと舌でなめて取ろうとした。

ところがしつこくへばりついていて取れない。意地になって舌で引き剝《は》がそうとしているうちに、やっと海苔は取れたのだが、ほっとしておにぎりを食べているうちに、唇がひりひりしてきた。いったいどうしたのかと鏡を見てみたら、海苔は取れたものの、その海苔と一緒に唇の薄皮まで剝がれていたのであった。

「どうしておむすびの海苔で唇の皮がむけるんだ」

私は呆然《ぼうぜん》とした。きっと海苔の密着度が強すぎたのだろうが、ほんのちょっとの薄皮とはいえ、指のささくれがむけたときと同じで、小さな面積ながらとても痛い。私はひりひりする唇で、むっとしながらおむすびを食べた。ひどく不愉快であった。

それから私はおにぎりを選ぶとき、一も二もなく、しっとりタイプのほうを選んでいる。あんな怖いおにぎりは食べるもんかと思っているのであるが、実のところ、どうして海苔がくっついただけで、あんな痛い思いをしなければならないのか、なぜ海苔が凶器になったのか、首をかしげているのである。

文庫のためのあとがき

二〇〇〇年に出たこの本をあらためて読んでみると、びっくりしたことがいくつかあった。なかで四十三歳になってびっくりしていると書いていて、それを読んだ、現在六十八歳の私はびっくりした。たかだか四十三歳で何をいうかと思ったのである。四十三歳になった驚きと、六十八歳になった驚きは違う。前期高齢者という枠に入れられるし、古来稀な「古稀」も目の前だし、それを超すと次には後期高齢者というレッテル貼りが待っている。前期、後期とは何ごとか、後期高齢者と呼ばれている人たちは、腹立たしいのではないかと想像しているが、何をどういってもそういった年齢になっているのは、間違いないのである。

そのせいかどうかわからないが、この本で紹介した「今月買った本」のなかで、手元に残っている本ももちろんあるが、恐ろしいことにほとんどの本を購入したのを忘れていた。今回あらためて本を読んで、

「あら、この本も買っていたんだ。へええ」

と思うような有様だった。内容も強く印象に残っているものも何冊かはあったが、買って読んだ本のすべてを覚えているわけではなかった。本の内容を説明できるのは、五分の一程度。つまり残りの五分の四は、私の目と脳は通過したものの、脳内にとどまることなく、この二十年以上の間にどこかに消えてしまったのである。

その事実に一瞬、愕然としたが、本を読むということはそれでもいいのではないかと思った。本を読んでいる時間は楽しいわけで、それが何らかの形で自分のなかに残っているのなら、よりいいかもしれないが、面白く読んだが、あとになって考えると、何が書いてあったのかはよく覚えていない。読書ノートなどで、感想を書き留めておく習慣がある人は、それによって思い起こされる記憶もあるだろうが、私はそういうことは一切しないので、よほど印象が強い本ではない限り、すべて読み捨てたということになる。本の作者の方々には、このような読み方をして、大変申し訳ないとは思った。

私が物を書きはじめたときには、「私の本を何十年も先に残したいなどとは思わない、読みたいときに読んでもらって、『ああ、面白かった』といって捨てられても、それでもいい」と思って原稿を書いてきた。本を読んでくれた人の人生のなかで、ほんの一瞬でもいいから、「面白い」とか「楽しい」とか「へええ」とかいった感想を持ってもらえ、沈んだ気持ちが少しでも晴れるきっかけになってくれれば、それでよかった。同じように、私は買った本をそのように読んでいたのだった。

私にとって本はお勉強するというよりも、ずっと楽しみのひとつだった。若い頃は買った本はほとんど手放さなかったが、この年齢になると、物を管理するのも大変になってきて、本も増やしたくないので、買って読んでいるけれど、読んだらすぐに処分するようにしている。本棚にある本も、次々に処分しているので、少なくなってきた。

忘れているのは覚えていたからだ。一度、頭の中に入れないと、忘れることすらできない。これまでの人生でたくさんの本を買い、読んできて、頭の中に残っているのはごく少数なのがわかったのだけれど、今の私も、これからの私も、それでいいとあらためて思ったのだった。

本書は二〇〇〇年十二月に角川oneテーマ21より刊行された
『生きる読書』を改題し、文庫化したものです。

DTP制作　エヴリ・シンク

文春文庫

忘《わす》れながら生《い》きる
群《むれ》ようこの読書日記《どくしよにつき》

定価はカバーに表示してあります

2023年8月10日　第1刷
2024年2月20日　第2刷

著　者　群《むれ》　ようこ
発行者　大沼貴之
発行所　株式会社　文藝春秋

東京都千代田区紀尾井町3-23　〒102-8008
TEL　03・3265・1211㈹
文藝春秋ホームページ　http://www.bunshun.co.jp

落丁、乱丁本は、お手数ですが小社製作部宛お送り下さい。送料小社負担でお取替致します。

印刷・図書印刷　製本・加藤製本

Printed in Japan
ISBN978-4-16-792089-0

（　）内は解説者。品切の節はご容赦下さい。

安野光雅
絵のある自伝
昭和を生きた著者が出会い、別れていった人々との思い出をユーモア溢れる文章と柔らかな水彩画で綴る初の自伝。心温まる追憶は時代の空気を浮かび上がらせ、読む者の胸に迫る。

あ-9-7

阿川佐和子
バイバイバブリー
根がケチなアガワ、バブル時代の思い出といえば…。あのフワフワと落ち着きのなかった時を経て沢山の失敗もしたから分かる、今のシアワセ。共感あるあるの、痛快エッセイ！

あ-23-27

浅田次郎
君は嘘つきだから、小説家にでもなればいい
裕福だった子供時代、一家離散の日々で身につけた習慣、二人の母のこと、競馬、小説。作家・浅田次郎を作った人生の諸事が綴られた文章に酔いしれる、珠玉のエッセイ集。

あ-39-14

浅田次郎
かわいい自分には旅をさせよ
京都、北京、パリ……誰のためでもなく自分のために旅をし、日本を危うくする「男の不在」を憂う。旅の極意と人生指南がつまった、笑いと涙の極上エッセイ集。幻の短篇、特別収録。

あ-39-15

安野モヨコ
食べ物連載
くいいじ
激しく〆切中でもやっぱり美味しいものが食べたい！　昼ごはんを食べながら夕食の献立を考える食いしん坊な漫画家・安野モヨコが、どうにも止まらないくいいじを描いたエッセイ集。

あ-57-2

朝井リョウ
時をかけるゆとり
カットモデルを務めれば顔の長さに難癖つけられ、マックで休憩すれば黒タイツおじさんに英語の発音を直され。『学生時代にやらなくてもいい20のこと』改題の完全版。（光原百合）
あ-68-1

朝井リョウ
風と共にゆとりぬ
レンタル彼氏との対決、会社員時代のポンコツぶり、ハワイへの家族旅行、困難な私服選び、税理士の結婚式での本気の余興、壮絶な痔瘻手術体験など、ゆとり世代の日常を描くエッセイ。

あ-68-4

（　）内は解説者。品切の節はご容赦下さい。

安西水丸
ちいさな城下町
有名無名を問わず、水丸さんが惹かれてやまなかった村上市・行田市・中津市・高梁市など二十一の城下町。歴史的事件や人物の逸話、四コマ漫画も読んで楽しい旅エッセイ。（松平定知）
あ-73-1

赤塚隆二
清張鉄道1万3500キロ
「点と線」「ゼロの焦点」などの松本清張作品を「乗り鉄」の視点で徹底研究。作中の誰が、どの路線に最初に乗ったのかという「初乗り」から昭和の日本が見えてくる。（酒井順子）
あ-89-1

井上ひさし
ボローニャ紀行
文化による都市再生のモデルとして名高いイタリアの小都市ボローニャ。街を訪れた著者は、人々が力を合わせ理想を追う姿を見つめ、思索を深める。豊かな文明論的エセー。（小森陽一）
い-3-29

池波正太郎
夜明けのブランデー
映画や演劇、万年筆に帽子、食べもの日記や酒のこと。週刊文春に連載されたショート・エッセイを著者直筆の絵とともに楽しめる穏やかな老熟の日々が綴られた池波版絵日記。（池内　紀）
い-4-90

池波正太郎
ル・パスタン
人生の味わいは「暇」にある。可愛がってくれた曾祖母、「万惣」のホットケーキ、フランスの村へジャン・ルノアールの墓参り。「心の杖」を画と文で描く晩年の名エッセイ。（彭　理恵）
い-4-136

伊集院　静
文字に美はありや。
文字に美しい、美しくないということが本当にあるのか。〝書聖〟王羲之に始まり、戦国武将や幕末の偉人、作家や芸人ら有名人から書道ロボットまで、歴代の名筆をたどり考察する。
い-26-26

伊藤比呂美
切腹考
鷗外先生とわたし
前夫と別れ熊本から渡米し、イギリス人の夫を看取るまで。生きる死ぬるの仏教の世界に身を浸し、生を曝してきた詩人が鷗外を道連れに編む、無常の世を生きるための文学。（姜　信子）
い-99-2

（　）内は解説者。品切の節はご容赦下さい。

井上ユリ
姉・米原万里
プラハのソビエト学校で少女時代を共に過ごした三歳下の妹が、食べものの記憶を通して綴る姉の思い出。初めて明かされる名エッセイの舞台裏。初公開の秘蔵写真多数掲載。（福岡伸一）
い-104-1

上野千鶴子
おひとりさまの老後
結婚していてもしてなくても、最後は必ずひとりになる。でも、智恵と工夫さえあれば、老後のひとり暮らしは怖くない。80万部のベストセラー、待望の文庫化！（角田光代）
う-28-1

上野千鶴子
ひとりの午後に
世間知らずだった子供時代、孤独を抱えて生きていた十代のころ……。著者の知られざる生い立ちや内面を、抑制された筆致で綴ったエッセイ集。（伊藤比呂美）
う-28-3

内田洋子
ジーノの家
イタリア10景
イタリア人は人間の見本かもしれない――在イタリア三十年の著者が目にしたかの国の魅力溢れる人間達。忘れえぬ出会いや情景をこの上ない端正な文章で描ききるエッセイ。（松田哲夫）
う-30-1

内田洋子
ロベルトからの手紙
俳優の夫との思い出を守り続ける老女、弟を想う働き者の姉たち、無職で引きこもりの息子を案じる母――イタリアの様々な家族の形とほろ苦い人生を端正に描く随筆集。（平松洋子）
う-30-2

遠藤周作
生き上手　死に上手
死ぬ時は死ぬがよし……だれもがこんな境地で死を迎えたい。でも死はひたすら恐い。だからこそ死に稽古が必要になる。周作先生が自らの失敗談を交えて贈る人生セミナー。（矢代静一）
え-1-12

江國香織
やわらかなレタス
ひとつの言葉から広がる無限のイメージ――。江國さんの手にかかると、日々のささいな出来事さえも、キラキラ輝いて見えだします。読者を不思議な世界にいざなう、待望のエッセイ集。
え-10-3

（　）内は解説者。品切の節はご容赦下さい。

小川洋子
とにかく散歩いたしましょう
ハダカデバネズミとの心躍る対面、同郷のフィギュアスケーターの演技を見て流す涙、そして永眠した愛犬ラブと暮らした日々。創作の源泉を明かす珠玉のエッセイ46篇。（津村記久子）
お-17-4

岡田光世
ニューヨークのとけない魔法
東京とニューヨーク。同じ大都会の孤独でもこんなに違う。お節介で、図々しくて、孤独な人たち。でもどうしようもなく惹きつけられてしまうニューヨークの魔法とは？（立花珠樹）
お-41-1

大宮エリー
生きるコント
毎日、真面目に生きているつもりなのに……なぜか、すべてがコントになってしまう人生。作家・大宮エリーのデビュー作となった、大笑いのあとほろりとくる悲喜劇エッセイ。（片桐　仁）
お-51-1

大宮エリー
生きるコント　２
笑ったり泣いたり水浸しになったり。何をしでかすか分からない〝嵐を呼ぶ女〟大宮エリーのコントのような爆笑エッセイ集、第2弾。読むとラクになれます。（松尾スズキ）
お-51-2

尾崎世界観
苦汁１００％
濃縮還元

初小説が文壇を驚愕させた尾崎世界観の日常と非日常。文庫化に際し、クリープハイプ結成10周年ライブがコロナ禍で中止になった最中の最新日記を大幅加筆。苦味と旨味が増してます！

お-76-2

尾崎世界観
苦汁２００％
ストロング

尾崎世界観の赤裸々日記、絶頂の第2弾。文庫化にあたり「芥川賞候補ウッキウ記」2万字書き下ろし。「情熱大陸」に密着され、『母影』が芥川賞にノミネートされた怒濤の日を加筆。

お-76-3

（　）内は解説者。品切の節はご容赦下さい。

岡田　育
ハジの多い人生
痴漢だらけの満員電車で女子校へ通った九〇年代、メガネ男子や献血、自らの大足が気になり、三十路でタカラヅカに開眼。世界の端でつぶやく著者会心のデビュー作。（宇垣美里）
お-78-1

大竹英洋
そして、ぼくは旅に出た。
はじまりの森 ノースウッズ
オオカミの夢を見た著者は、ある写真集と出会い単身で渡米する。読む人に深い感動と気付きをもたらす、人生の羅針盤となりうる一冊。梅棹忠夫・山と探検文学賞受賞作。（松家仁之）
お-80-1

開高　健
私の釣魚大全
まずミミズを掘ることからはじまり、メコン川でカチョックという変な魚を一尾釣ることに至る国際的な釣りのはなしと、井伏鱒二氏が鱒を釣る話など、楽しさあふれる極上エッセイ。

か-1-2

角田光代
なんでわざわざ中年体育
中年たちは皆、運動を始める。フルマラソンに山登り、ボルダリング、アウトドアヨガ。インドア派を自認する人気作家が果敢に様々なスポーツに挑戦した爆笑と共感の傑作エッセイ。

か-32-16

加納朋子
無菌病棟より愛をこめて
愛してくれる人がいるから、なるべく死なないように頑張ろう。急性白血病の告知を受け仕事も家族も放り出しての緊急入院、抗癌剤治療、骨髄移植――人気作家が綴る涙と笑いの闘病記。

か-33-5

川上未映子
きみは赤ちゃん
35歳で初めての出産。それは試練の連続だった！　芥川賞作家の鋭い観察眼で「妊娠・出産・育児」という大事業の現実を率直に描き、多くの涙と共感を呼んだベストセラー異色エッセイ。

か-51-4

河野裕子・永田和宏
たとへば君《きみ》
四十年の恋歌
乳がんで亡くなった歌人の河野裕子さん。大学時代の出会いから、結婚、子育て、発病、そして死。先立つ妻と見守り続けた夫。交わした愛の歌380首とエッセイ。（川本三郎）
か-64-1

（　）内は解説者。品切の節はご容赦下さい。

角幡唯介
探検家の憂鬱
チベットから富士山、北極……。「生のぎりぎりの淵をのぞき見ても、もっと行けたんじゃないかと思ってしまう」探検家・角幡唯介にとって、生きるとは何か。孤高のエッセイ集。
か-67-1

黒柳徹子
チャックより愛をこめて
長い休みも海外生活も一人暮らしも何もかもが初めての経験。NY留学の1年を喜怒哀楽いっぱいに描いた初エッセイが新装版に。インスタグラムで話題となった当時の写真も多数収録。
く-2-3

高橋順子
夫・車谷長吉
直木賞受賞作『赤目四十八瀧心中未遂』で知られる異色の私小説作家の求愛を受け容れ、最後まで妻として支え抜いた詩人が回想する桁外れな夫婦の姿。講談社エッセイ賞受賞。（角田光代）
く-19-50

小林秀雄
考えるヒント
常識、漫画、良心、歴史、役者、ヒットラーと悪魔、平家物語などの項目を収めた「考えるヒント」に随想「四季」を加え、「ソヴェットの旅」を付した明快達意の随筆集。（江藤　淳）
こ-1-8

小林秀雄
考えるヒント2
忠臣蔵、学問、考えるという事、ヒューマニズム、還暦、哲学、天命を知るとは、歴史、など十二篇に「常識について」を併載して、いま改めて考えることの愉悦を教える。（江藤　淳）
こ-1-9

小林秀雄
考えるヒント3
「知の巨人」の思索の到達点を示すシリーズの第三弾。柳田民俗学の意義を正確に読み解き、現代知識人の盲点を鋭くついた歴史的名講演「信ずることと知ること」ほかの講演を収録する。
こ-1-10

小林信彦
生還
自宅で脳梗塞を起こした、八十四歳の私。入院・転院・リハビリ・帰宅・骨折・再入院を繰り返す私は本当に治癒していくのか？人生でもっとも死に近づいた日々を記した執念の闘病記。
こ-6-39

（　）内は解説者。品切の節はご容赦下さい。

我が老後
佐藤愛子

妊娠中の娘から二羽のインコを預かったのが受難の始まり。さらに仔犬、孫の面倒まで押しつけられ、平穏な生活はぶちこわし。ああ、我が老後は日々これ闘いなのだ。痛快抱腹エッセイ。

さ-18-2

冥途のお客
佐藤愛子

岐阜の幽霊住宅で江原啓之氏が見たもの、狐霊憑依事件、金縛り体験記、霊能者の優劣……。「この世よりもあの世の友が多くなってしまった」著者の、怖くて切ない霊との交遊録、第二弾。

さ-18-13

無恥の恥
酒井順子

「恥ずかしがり屋の日本人」はどこに消えた？　古来「恥の文化」を生きてきた日本人。SNS上で「自慢したい！」欲望が溢れ出した。文庫化記念に小林聡美さんとの抱腹絶倒対談を収録。

さ-29-9

文・堺雅人
堺　雅人

大きな話題を呼んだ、演技派俳優の初エッセイ。文庫版では蔵出しインタビュー＆写真、作家・宮尾登美子さんとの「篤姫」対談や、作品年表も収録。役者の「頭の中」っておもしろい。

さ-60-1

余話として
司馬遼太郎

竜馬の「許婚者」の墓に刻まれた言葉、西郷さんの本当の名前――。歴史の大家がふとした時に漏らしたこぼれ話や、名作の舞台裏をまとめた、壮大で愉快なエッセイ集。　（白川浩司）

し-1-139

ガン入院オロオロ日記
東海林さだお

「ガンですね」医師に突然告げられガーンとなったショージ君。病院食・ヨレヨレパジャマ・点滴のガラガラ。四十日の入院生活が始まった！　他、ミリメシ、肉フェスなど。　（池内　紀）

し-6-93

ざんねんな食べ物事典
東海林さだお

食べ物に漂う〝ざんねん〟を鋭く見抜いて検証する表題作から、誰も研究しなかった「ラーメン行動学」、インスタントラーメン60年史まで。爆笑必至のエッセイ集。　（長田昭二）

し-6-97

（　）内は解説者。品切の節はご容赦下さい。

塩野七生
男の肖像

ペリクレス、アレクサンダー大王、カエサル、北条時宗、織田信長、ナポレオン、西郷隆盛、チャーチル……歴史を動かした不世出の英雄たちに、いま学ぶべきこととは？　（楠木　建）

し-24-4

塩野七生
男たちへ
フツウの男をフツウでない男にするための54章

男の色気はうなじに出る、薄毛も肥満も終わりにあらず。成功する男の4つの条件、上手に老いる10の戦術など、本当の大人になるための、喝とユーモアに溢れた指南書。　（開沼　博）

し-24-5

塩野七生
再び男たちへ
フツウであることに満足できなくなった男のための63章

内憂外患の現代日本。人材は枯渇したのか、政治改革はなぜ成功しないのか、いま求められる指導者とは？　身近な話題から国際問題まで、日本の「大人たち」へ贈る警世の書。　（中野　翠）

し-24-6

ジェーン・スー
女の甲冑、着たり脱いだり毎日が戦なり。

「都会で働く大人の女」でありたい！　そのために、今日も心と体を武装する。ややこしき自意識と世間の目に翻弄されながら、日々を果敢かつ不毛に戦うエッセイ集。　（中野信子）

し-66-1

新保信長
字が汚い！

自分の字の汚さに今更ながら愕然とした著者が古今東西の悪筆を調べまくった世界初、ヘタ字をめぐる右往左往ルポ！　果たして、50年以上ヘタだった字は上手くなるのか？　（北尾トロ）

し-68-1

須賀敦子
コルシア書店の仲間たち

ミラノで理想の共同体を夢みて設立されたコルシア書店に仲間として迎えられた著者。そこに出入りする友人たち、貴族の世界などを、深くやわらかい筆致で描いた名作エッセイ。（松山　巖）

す-8-1

須賀敦子
ヴェネツィアの宿

父や母、人生の途上に現れては消えた人々が織りなす様々なドラマ。「ヴェネツィアの宿」「夏のおわり」「寄宿学校」「カティアが歩いた道」等、最も美しい文章で綴られた十二篇。　（関川夏央）

す-8-2

（　）内は解説者。品切の節はご容赦下さい。

水道橋博士
藝人春秋
北野武、松本人志、そのまんま東……今を時めく芸人たちを、博士ならではの鋭く愛情に満ちた目で描き、ベストセラーとなった藝人論。有吉弘行論を文庫版特別収録。（若林正恭）
す-20-1

水道橋博士
藝人春秋2　ハカセより愛をこめて
博士がスパイとして芸能界に潜入し、橋下徹からリリー・フランキー、タモリまで、浮き沈みの激しい世界の怪人奇人18名を濃厚に描く抱腹絶倒ノンフィクション。（ダースレイダー）
す-20-2

先崎　学
うつ病九段　プロ棋士が将棋を失くした一年間
空前の将棋ブームの陰で、その棋士はうつ病と闘っていた。孤独の苦しみ、将棋が指せなくなるという恐怖、復帰への焦り……。発症から回復までを綴った心揺さぶる手記。（佐藤　優）
せ-6-2

田辺聖子
老いてこそ上機嫌
「80だろうが、90だろうが屁とも思っておらぬ」と豪語するお聖さんももうすぐ90歳。２００を超える作品の中から厳選した、短くて面白くて心の奥に響く言葉ばかりを集めました。
た-3-54

立花　隆
死はこわくない
自殺、安楽死、脳死、臨死体験……。長きにわたり、生命の不思議をテーマとして追い続けてきた「知の巨人」が真正面から〈死〉に挑む。がん、心臓手術を乗り越え、到達した境地とは。
た-5-25

田中澄江
花の百名山
春の御前山で出会ったカタクリの大群落。身を伏せて確かめた早池峰の小さなチシマコザクラ――山と花をこよなく愛した著者が綴った珠玉のエッセイ。読売文学賞受賞作。（平尾隆弘）
た-14-5

高峰秀子
わたしの渡世日記（上下）
複雑な家庭環境、義母との確執、映画デビュー、青年・黒澤明との初恋など、波瀾の半生を常に明るく前向きに生きた著者が、ユーモアあふれる筆で綴った傑作自叙エッセイ。（沢木耕太郎）
た-37-2

（　）内は解説者。品切の節はご容赦下さい。

高峰秀子
コットンが好き
飾り棚、手燭、真珠、浴衣、はんこ、腕時計、ダイヤモンド……。これまで共に生きてきた、かけ替えのない道具や小物たちとの思い出を、愛情たっぷりに綴った名エッセイ。待望の復刻版。
た-37-7

高山なおみ
帰ってから、お腹がすいてもいいようにと思ったのだ。
高山なおみが本格的な「料理家」になる途中のサナギのようなころの、落ち着かなさ、不安さえ見え隠れする淡い心持ちを綴ったエッセイ集。なにげない出来事が心を揺るがす。（原田郁子）
た-71-1

高野秀行
辺境メシ　ヤバそうだから食べてみた
カエルの子宮、猿の脳みそ、ゴリラ肉、胎盤餃子……。未知なる「珍食」を求めて、世界を東へ西へ。辺境探検の第一人者である著者が綴った、抱腹絶倒エッセイ！（サラーム海上）
た-105-1

津村節子
果てなき便り
「節子、僕の許を離れるな！」便箋から浮かび上がる夫・吉村昭の決意、孤独、希望、愛。出会った若き日から亡くなるまで交わした書簡で辿る、夫婦作家慈しみの軌跡。（梯　久美子）
つ-3-15

土屋賢二
われ笑う、ゆえにわれあり
愛ってなんぼのものか？　あなたも禁煙をやめられる、老化の楽しみ方、超好意的女性論序説などなど、人間について世界について徹底的に考察したお笑い哲学エッセイ。（柴門ふみ）
つ-11-1

土屋賢二
無理難題が多すぎる
何気ない日常にも哲学のヒントは隠れている。「妻になる！」と決心したり、「老人の生きる道」を模索したり、野球解説を考察したり——笑い溢れるエッセイ集。（西澤順一）
つ-11-23

中野孝次
ハラスのいた日々　増補版
一匹の柴犬を〝もうひとりの家族〟として、惜しみなく愛を注ぐ夫婦がいた。愛することの尊さと生きる歓びを、小さな生きものに教えられる、新田次郎文学賞に輝く感動の愛犬物語。
な-21-1

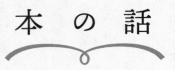